ALLIANCE DES MAISONS D'ÉDUCATION CHRÉTIENNE

R. P. REGNAULT

HISTOIRE

DE LA

PHILOSOPHIE

QUATRIÈME ÉDITION

PARIS

LIBRAIRIE CH. POUSSIELGUE

RUE CASSETTE, 15

1892

HISTOIRE
DE LA PHILOSOPHIE

PROPRIÉTÉ DE

OUVRAGES DU MÊME AUTEUR

Cours élémentaire de philosophie classique, rédigé conformément aux dernie.s programmes. Nouvelle édition entièrement refondue et considérablement augmentée. Fort volume in-8º broché. . . . . 6 »

Notions de philosophie, à l'usage spécial des élèves de la section des sciences. In-12 broché. 1 75

Tableaux analytiques de la Philosophie, de l'histoire de la Philosophie et des auteurs philosophiques. Édition conforme au programme du 12 août 1890. 2º édition. In-8º jésus. 2 50

Manuel de piété, à l'usage des écoles catholiques. In-32 raisin sur papier teinté. Broché. 1 25

ALLIANCE DES MAISONS D'ÉDUCATION CHRÉTIENNE

HISTOIRE

DE LA

PHILOSOPHIE

PAR

LE P. REGNAULT

C. J. ET M.

SUPÉRIEUR DE L'ÉCOLE SAINT-JEAN A VERSAILLES
ANCIEN PROFESSEUR DE PHILOSOPHIE

QUATRIÈME ÉDITION

PARIS

LIBRAIRIE CH. POUSSIELGUE

RUE CASSETTE, 15

1892

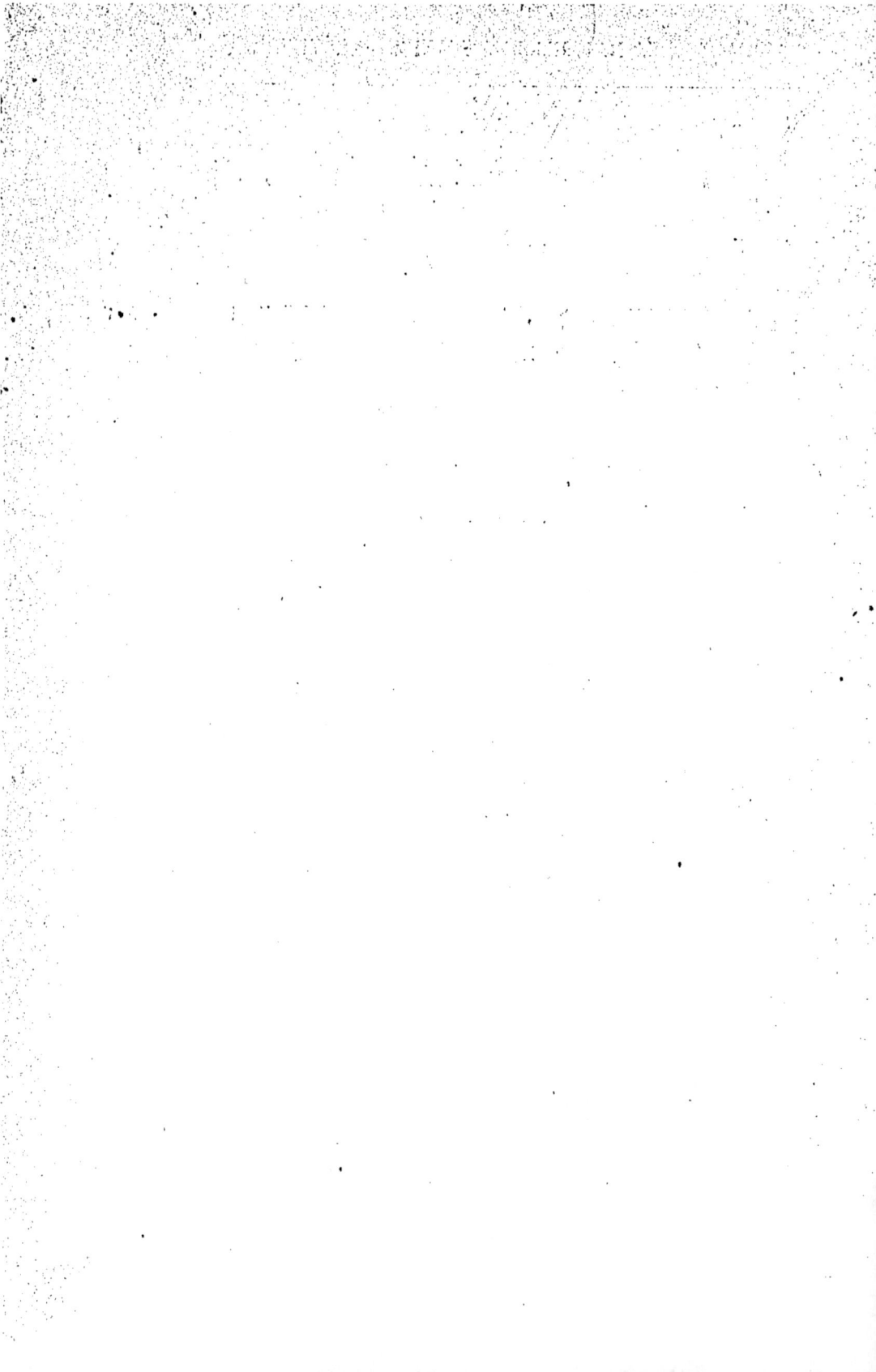

IMPRIMATUR :

Turonibus, die 12 julii 1883.

✝ CAROLUS, Archiepisc. Turon.

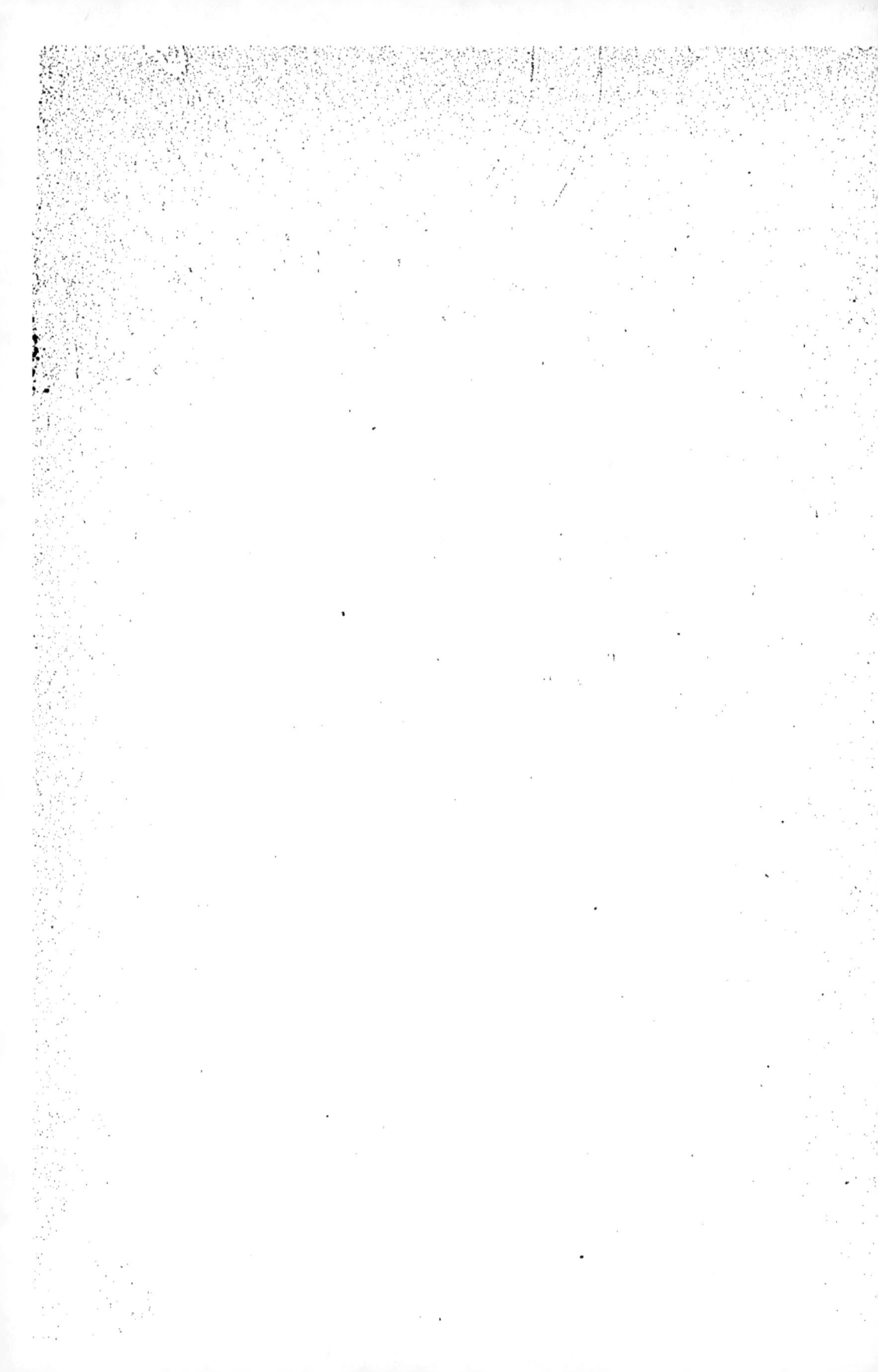

PROGRAMME OFFICIEL

(12 AOUT 1890)

NOTIONS SOMMAIRES

SUR LES PRINCIPALES DOCTRINES PHILOSOPHIQUES [1]

SOCRATE; PLATON; ARISTOTE; ÉPICURÉISME ET STOÏCISME —
BACON; DESCARTES; LOCKE; SPINOZA; LEIBNIZ; KANT

---

[1] « Nous nous sommes réduits à l'indication des systèmes fondamentaux, non sans quelques regrets, mais en sachant que les professeurs, par les traditions nécessaires qui font passer d'une école à une autre, mentionneront rapidement les noms que nous avons dû supprimer. » (Extrait du Rapport de M. Janet.)

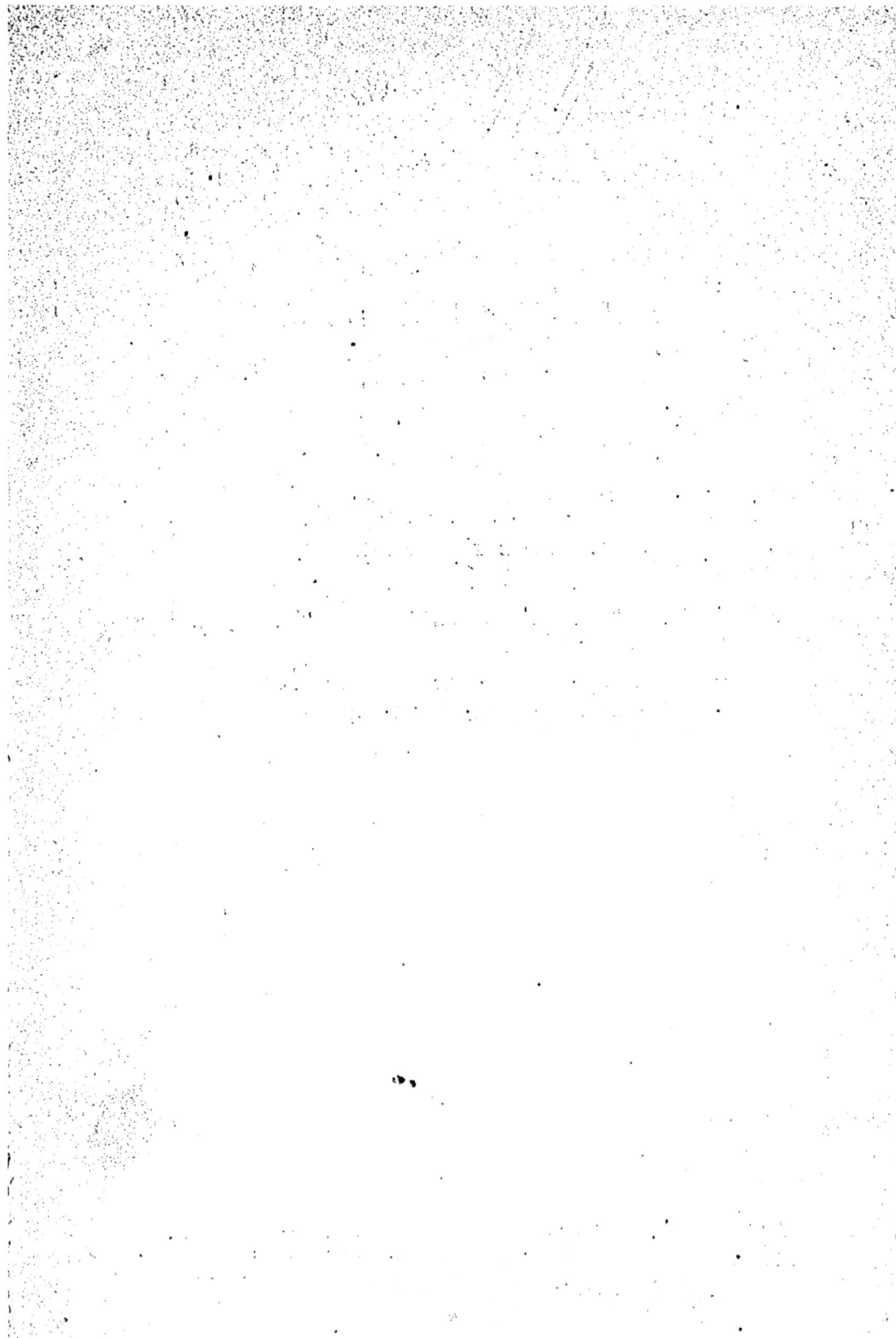

HISTOIRE
DE LA PHILOSOPHIE

> « La vérité est plus répandue qu'on ne
> pense, mais elle est souvent affaiblie et
> mutilée. En faisant remarquer les traces
> de la vérité chez les anciens, on tirerait
> l'or de la boue, le diamant de la mine, et
> la lumière des ténèbres, et ce serait *peren-
> nis quædam philosophia.* »   (LEIBNITZ.)

INTRODUCTION

Définition. — L'histoire de la philosophie est une science qui a pour objet de nous faire connaître la *vie* des grands philosophes, les *systèmes*[1] qu'ils ont proposés comme solution des principales questions philosophiques, et les *écoles*[2] qu'ils ont fondées ou qui se sont formées sous l'empire de leurs doctrines.

Utilité et intérêt. — Cette définition nous fait déjà pressentir l'utilité et l'intérêt que doit offrir l'histoire de la philosophie :

1º Les biographies qu'elle contient nous mettent en relations agréables avec les hommes qui se sont distingués en cultivant leur raison et en cherchant la vérité ;

2º Les systèmes qu'elle expose sont le complément indispensable de nos études philosophiques, sur lesquelles ils jettent un jour plus complet et entre lesquelles ils établissent une liaison naturelle et facile à retenir ;

---

[1] Un *système philosophique* est un ensemble de principes et de raisonnements proposés par un penseur sur une ou plusieurs questions philosophiques.
[2] Une *école philosophique* est un ensemble d'hommes, contemporains ou non, qui adoptent, en le modifiant plus ou moins, le système d'un philosophe illustre.

3° Cette science nous permet de suivre la marche de l'esprit humain à travers les siècles, et de dégager au milieu d'une infinité d'erreurs ces vérités éternelles qui sont l'apanage inamissible de la raison et du bon sens;

4° Elle nous explique même jusqu'à un certain point les faits historiques et les mœurs des sociétés anciennes et modernes. En effet, comme l'a dit Comte, « la marche de la spéculation est le principal moteur du mouvement social. »

5° Elle développe enfin chez ceux qui s'y appliquent : (a) *l'esprit d'impartialité* : exposant fidèlement les systèmes, chacun suivant son esprit propre; (b) *l'esprit de critique* : appréciant avec justesse tous ces systèmes qui, suivant le mot profond de Leibnitz, « sont généralement vrais dans ce qu'ils affirment et faux dans ce qu'ils nient; » (c) *l'esprit de méthode* : saisissant avec art la suite et l'enchaînement des idées et des écoles.

Synthèse des systèmes philosophiques.—La multitude des systèmes que présente l'histoire de la philosophie serait sans doute capable de décourager les meilleures volontés, si nous n'avions la ressource de les ramener tous à quelques systèmes principaux sur lesquels on concentre l'attention.

Cousin a fait cette remarquable synthèse : nous la lui empruntons.

Pour Cousin, le problème fondamental de la psychologie, celui qui résume tous les autres, c'est le problème de l'origine de nos idées. Or nos idées ont une double origine : l'une expérimentale et particulièrement sensible, l'autre rationnelle.

1° *Sensualisme.* — Certains systèmes ont aperçu la première, s'en sont préoccupé, puis ont nié l'autre; ce sont les systèmes empiriques, ordinairement *sensualistes.* — 2° *Idéalisme.* D'autres ont fait précisément la même chose pour l'origine rationnelle, ce sont les systèmes *idéalistes.* — 3° *Scepticisme.* Comme les uns et les autres arrivent à des contradictions réciproques et à des assertions qui répugnent à la nature humaine (négation de l'âme et de Dieu, négation du monde extérieur), ils donnent lieu de douter que l'esprit humain puisse prétendre à des connaissances certaines; de là des systèmes *sceptiques.* — 4° *Mysticisme.* Mais les hommes ne peuvent s'y arrêter; ils cherchent donc un remède au doute qui les tourmente, et, ne le trouvant point dans l'exercice de la raison elle-même, ils le demandent à l'inspiration; de là les systèmes *mystiques.* — 5° *Éclectisme.* Certains esprits préfèrent cependant chercher çà et là les solutions qui leur paraissent les plus plausibles, et ils s'efforcent de les concilier; de là les systèmes *éclectiques* [1].

Dans tous ces systèmes, il y a mélange de vérité et d'erreur. Les systèmes empiriques et idéalistes ont raison en ce qu'ils reconnaissent l'une des deux origines de nos connaissances; ils ont tort en ce qu'ils négligent ou rejettent l'autre.

Les systèmes sceptiques ont raison de proclamer l'impuissance des systèmes contradictoires auxquels ils succèdent; ils ont tort de conclure, de là l'impuissance radicale de l'intelligence humaine.

Les systèmes mystiques ont raison de croire que l'homme est fait pour la vérité, et que cette vérité est en Dieu; mais ils ont tort de prétendre que l'homme ne peut jamais l'atteindre par la réflexion.

Enfin l'éclectisme a raison de croire qu'il y a dans presque tous les systèmes quelques lambeaux de vérité; mais il a tort de choisir sans une règle fixe et sûre qui le guide.

Méthodes possibles. — Dans une histoire de la philosophie, trois méthodes peuvent être employées : (a) la méthode *chronologique,* qui suit pas à pas l'ordre des temps ; (b) la méthode *logique,* qui distingue d'abord les différentes écoles et montre après séparément le développement de chacune d'elles dans la suite des âges; (c) la méthode *mixte,* que nous adopterons. Combinaison des deux autres, elle détermine certaines époques générales, et suit dans chacune d'elles l'ordre logique des écoles qui s'y sont succédé.

Division de l'histoire de la philosophie. — L'histoire de la philosophie, comme l'histoire générale, se divise en trois grandes périodes :

1° *Philosophie ancienne,* des origines à la chute de l'empire d'Occident (476);

2° *Philosophie du moyen âge,* ou philosophie scolastique

---

[1] Cousin fait grand cas de « cet art élevé et délicat qui s'appelle l'éclectisme », et qui « se compose d'intelligence, d'équité, de bienveillance ». Il ne le range pourtant pas, comme nous avons cru devoir le faire, au nombre de ces « systèmes élémentaires » dont l'esprit humain ne peut, à travers les siècles, que « multiplier et varier presque à l'infini les combinaisons ». Cousin regarde l'éclectisme comme « la muse qui doit présider à l'histoire de la philosophie ».

de Charlemagne (800) à la chute de l'empire d'Orient (1453);

3° *Philosophie moderne,* depuis François Bacon (1560) jusqu'à nos jours.

La *philosophie chrétienne* des premiers siècles a sa place entre la première et la deuxième période, et la *philosophie de la Renaissance* entre la scolastique et la philosophie moderne.

Ces divisions, il est à peine besoin de le faire observer, constituent plus des périodes intellectuelles que des périodes chronologiques rigoureusement calculées, et souvent l'une commence avant que l'autre soit finie.

PREMIÈRE PÉRIODE

PHILOSOPHIE ANCIENNE

La philosophie ancienne offre un double mouvement : le premier, le plus ancien, a pour théâtre l'Asie, et prend le nom de *philosophie orientale,* nous n'en dirons qu'un mot; le second se développe dans les colonies grecques de l'Asie Mineure et de l'Italie, environ l'an 600 avant Jésus-Christ, et se continue à Athènes jusqu'au commencement de l'ère chrétienne, puis à Alexandrie jusqu'à la chute de l'empire d'Occident (476) : c'est la *philosophie grecque.*

I. — PHILOSOPHIE ORIENTALE

Longtemps avant que la philosophie grecque jetât ses premières lueurs, l'Asie avait déjà vu naître et se développer de vastes conceptions philosophiques, dont les principaux centres furent, en dehors du peuple hébreu, dépositaire de la vraie doctrine[1], l'Égypte, la Perse, l'Inde et la Chine.

I. — Égypte.

Hermès est, dit-on, l'auteur des livres qui contenaient la doctrine sacrée. D'un premier être incompréhensible émane Cneph, créateur du monde, qui produit toutes choses au moyen de *deux principes :* un principe lumineux et actif, dont le

---

[1] « Qu'est-ce, en effet, s'écrie Cousin, que Zoroastre auprès de Moïse et les cosmogonies des mages et des prêtres de l'Égypte devant la Genèse! Là l'unité de Dieu est hautement et nettement proclamée, et l'œuvre de la création exposée avec une simplicité et une profondeur qui étonnent la science moderne. »

soleil est le symbole, *Osiris,* et un principe passif, ténébreux, *Isis,* dont la lune est l'emblème.

Les âmes produites par le principe actif ont à lutter en ce monde contre le principe du mal ; celles qui se sont souillées par des crimes les expient par la *métempsycose,* et ce n'est qu'après s'être entièrement purifiées qu'elles sont admises au séjour du bonheur.

II. — Perse.

C'est à *Zoroastre* qu'on attribue la composition du *Zend-Avesta,* livre sacré des Perses. On y trouve quelques doctrines philosophiques qui peuvent se résumer ainsi : Au commencement était le *temps sans bornes,* d'où sont sortis deux êtres : *Ormuzd,* principe du bien, et *Arhiman,* principe du mal. Le premier a peuplé le ciel de génies bienfaisants, auxquels le second a opposé des êtres mauvais. Le même antagonisme se manifeste dans le monde terrestre.

L'homme primitif, placé entre ces deux mondes, était bon ; mais Arhiman, ne pouvant arriver à produire un être mauvais qu'il pût lui opposer, prit le parti de le tuer, et de son sang sortirent Meschia et Meschiané, ancêtres du genre humain, qui furent bientôt séduits par Arhiman. Depuis lors une lutte ardente est engagée entre les bons et les mauvais génies qui se disputent les hommes ; à la mort, chaque âme est jugée et reçoit la récompense ou le châtiment mérité. Après douze mille années, la lutte cessera par le triomphe d'Ormuzd, et Arhiman lui-même, dépouillant sa nature mauvaise, sera admis à partager le bonheur des justes.

III. — Inde.

Dans le labyrinthe de la philosophie indienne, nous distinguons le brahmanisme et le bouddhisme.

Brahmanisme. — La doctrine du brahmanisme est renfermée dans les livres sacrés, qui se divisent en quatre classes : les quatre Védas et les Pouranas, attribués à Vyasa ; deux poèmes, le Ramayana et le Mahabharata ; enfin les lois de Manou.

De toute éternité existe *Brahm.* En sortant du sommeil divin dans lequel il est plongé, Brahm produit trois puissances divines : *Brahma,* le créateur du monde ; *Vichnou,* le conservateur des formes, et *Siva*, le destructeur. Ces trois émanations constituent la Trimourti indienne.

On rencontre dans l'Inde dix-huit cosmogonies différentes; l'une d'elles fait sortir de la bouche même de Brahma, Brehman, le père des Brahmes; de son bras droit, Kœttris, le père des guerriers; de sa cuisse droite, Baïs, le père des laboureurs; enfin de son pied droit, Souder, le père des Soudras, dont les Parias forment une subdivision.

La fin de l'âme est d'arriver à l'union parfaite avec Brahma en se dégageant de la matière. A la mort, les âmes pures sont absorbées en Brahma; les âmes coupables sont précipitées dans le Naraca, pour y être tourmentées pendant cent années de Brahma; or un seul jour de Brahma équivaut à huit milliards six cent cinquante millions d'années solaires. Quant aux âmes qui n'ont été ni tout à fait bonnes ni tout à fait mauvaises, elles sont soumises à une nouvelle épreuve en passant dans des corps d'hommes ou d'animaux.

Trois principaux groupes de systèmes philosophiques se rattachent à cette doctrine : — la philosophie *Sankhya*, qui a son point de départ dans la nature, et devient *matérialiste* avec Kapila, *mystique* avec Patandjali; — la philosophie *Nyaya*, philosophie *logique*, qui s'efforce d'établir et de déterminer les lois de la pensée; elle est représentée par Gotama et Kanada; — enfin la philosophie *Mimansa*, qui n'est qu'une interprétation *panthéiste* de la doctrine des Védas.

Bouddhisme. — Le bouddhisme, introduit dans l'Inde par Sakya, rejette l'autorité des Védas et ne reconnaît en Brahma qu'une vertu divine d'un rang très inférieur. Entre ce Brahma, que les Brahmes honorent à tort comme Dieu suprême, et le *Bouddha primordial*, qui réside au sommet de la nature, il y a une série plus ou moins considérable de *Bouddhas inférieurs*.

La morale du bouddhisme consiste à observer les cinq commandements, à multiplier les bonnes œuvres, et à méditer les paroles sacrées.

Deux écoles philosophiques, celle des Djaïnas et celle des Bauddhas, se rattachent au bouddhisme; elles sont encore imparfaitement connues.

IV. — Chine.

La doctrine renfermée dans les *Kings*, qui remontent à la plus haute antiquité, peut se résumer ainsi :

Toutes choses reposent sur le Tao (raison par excellence). Le Tao a engendré deux natures, *yan* et *yn ;* l'une parfaite, l'autre imparfaite, qui en s'unissant produisent l'univers.

Au-dessus de ce monde terrestre sont les esprits appelés *chins*, et au premier rang le *chin-gin* ou le saint, indivisiblement uni à la raison suprême et chargé de réconcilier le ciel avec la terre.

L'homme a deux âmes; à la mort, l'une de ces âmes rentre dans la terre, d'où elle est sortie; l'autre remonte au ciel, d'où elle était descendue.

Trois écoles philosophiques se rattachent à la doctrine religieuse des Chinois.

L'école de Lao-Tseu (vers 600 av. J.-C.), exclusivement métaphysique, a pour objet de ramener à sa pureté primitive l'idée du Tao. Ce Tao est le principe et l'archétype des choses. Il renferme une triade ineffable [1] : « Tao a produit *un*, dit Lao-Tseu, un a produit *deux*, les deux ont produit le *trois*, les trois ont produit toutes choses. »

L'école de Confucius (551 av. J.-C.) est essentiellement morale. Tous les devoirs découlent de la piété filiale, qui se divise en trois sphères : respect et soin des parents, service du prince et de la patrie, service du Seigneur du ciel. Confucius a revisé les Kings, et son influence n'a point cessé de dominer dans le plus vaste empire du monde, où on le regarde toujours comme le sage par excellence.

L'école des lettrés (XIIIe siècle de l'ère chrétienne) rejette l'enseignement des Kings et semble admettre un panthéisme matérialiste ; elle se rattache au culte de Bouddha, qui commença à être honoré par les Chinois dans les premiers siècles de notre ère sous le nom de Fo.

[1] Il est remarquable que les caractères *I*, *Hi*, *Wei*, employés par Lao-Tseu pour désigner les termes de cette triade, sont étrangers à la langue chinoise et donnent, en s'unissant, le nom de Jéhovah.

II. — PHILOSOPHIE GRECQUE

« La philosophie grecque parcourt trois époques qui expriment dans leur succession ses commencements, sa maturité, sa décadence. » (Cousin.)

Première époque, de Thalès (640) à Socrate (470).

Deuxième époque, de Socrate (470) au commencement de l'ère chrétienne.

Troisième époque, du commencement de l'ère chrétienne à la chute de l'empire d'Occident (476).

Pendant la première époque, la philosophie prend naissance dans les colonies grecques des îles de l'Archipel et des côtes de l'Asie Mineure et de l'Italie. — Elle s'occupe surtout d'étudier l'origine et la nature des choses; la *cosmogonie* y est au premier rang.

Pendant la deuxième époque, la philosophie passe sur le continent grec, grandit et porte ses plus beaux fruits à Athènes. — Elle s'applique à la connaissance de l'homme, de sa nature, de ses devoirs et de sa fin. La *psychologie* est l'étude principale.

Pendant la troisième époque, la philosophie émigre à Rome et à Alexandrie, puis revient jeter ses dernières lueurs à Athènes. — Elle est caractérisée par la fusion des philosophies grecque et orientale; toutefois on peut dire que c'est à l'étude de Dieu que se rapportent les principaux travaux des Alexandrins. Cette époque est plus spécialement *théologique.*

PREMIÈRE ÉPOQUE

DE THALÈS (640) A SOCRATE (470)

A ses débuts, la philosophie grecque est, avons-nous dit, une philosophie de la nature; « mais jusque dans ces étroites limites il y a encore deux points de vue possibles : on peut être frappé des phénomènes eux-mêmes ou de leurs rapports; de là une double tendance. » Dans les écoles *ionienne* et *atomistique,* on s'attache à l'étude des phénomènes; ce sont des écoles de sensualistes et de physiciens. Les écoles *pythagori-*

cienne et *éléatique*, au contraire, recherchent surtout leurs rapports; ce sont des écoles d'idéalistes et de géomètres. L'école *éclectique* d'*Héraclite* s'efforce ensuite de concilier ces tendances opposées; mais cet essai infructueux fait bientôt place au découragement, qui donne naissance à l'école des *sophistes*.

Donnons quelques notions sommaires sur chacune de ces six écoles.

I. — École ionienne.

Le caractère distinctif de cette école est de chercher l'explication de l'univers dans un principe matériel.

Thalès de Milet (640), fondateur de cette école, était l'un des sept sages (les autres furent Solon, Pittacus, Bias, Cléobule, Chilon et Périandre); il séjourna quelque temps en Égypte sous le règne d'Amasis, voyagea en Asie et revint dans un âge assez avancé s'établir à Milet, en Ionie, où il mourut à 96 ans.

Le problème fondamental que Thalès se propose de résoudre est celui de l'*origine des choses*. Or, se renfermant dans la sphère de l'expérience, il remarque que rien ne se produit sans une matière préexistante; et par induction il en conclut que la formation du monde suppose une matière première ou incréée.

En quoi consistait cette matière première? Destinée à recevoir la variété presque infinie des formes qui constituent les différents êtres, elle devait elle-même n'en avoir aucune; de là cette opinion que l'*eau* est le principe de toutes choses.

Thalès semble admettre en outre une cause intelligente principe d'ordre et d'activité qui, travaillant sur l'eau primitive, lui a imprimé des formes, donné des lois; c'est ce que dit expressément Cicéron : *Thales Milesius aquam dixit esse initium rerum, deum autem, eam mentem quæ ex aqua cuncta fingeret.* (Acad. II, 57.)

Anaximandre, *popularis et sodalis Thaletis* (610), formule d'une façon absolue ce principe célèbre : *ex nihilo nihit fit*, et place le principe de toutes choses, non pas dans l'eau, qui a déjà une certaine forme, mais dans quelque chose de vague, d'indéterminé, τὸ ἄπειρον ou *l'infinité de la nature*. *Anaximander infinitatem naturæ dixit esse ex qua omnia gignerentur.*

(Acad. II, 37.) De plus, Anaximandre nie l'existence d'une cause intelligente distincte de la matière première. Pour lui, Dieu, c'est cette infinité de la nature prise dans sa totalité vague et indéfinie, τὸ ἄπειρον τὸ θεῖον; et c'est en vertu d'une énergie propre que les parties de ce premier principe agissent les unes sur les autres pour former les corps.

Anaximène, *Anaximandri auditor* (550), rejette comme Anaximandre l'intelligence formatrice, et admet pour matière première l'*air*. De l'air proviennent d'abord l'eau, la terre et le feu, et de ces quatre éléments toutes les autres choses.

Diogène d'Apollonie, disciple d'Anaximène, affirme que le monde ne peut avoir qu'un principe; mais d'autre part, frappé de cette dualité qui se manifeste partout, il associe dans son principe premier tous les contraires. Pour lui, l'air, principe essentiel de toutes choses, est tout à la fois esprit et matière, étendue et pensée. C'est l'identification des contraires que nous retrouverons dans Hégel, au commencement du XIXᵉ siècle.

Le dernier représentant de l'école ionienne est ARCHÉLAÜS, surnommé le Physicien (φυσικός), aux leçons duquel, d'après Aristoxène, Socrate aurait assisté.

II. — École atomistique.

L'école atomistique ou école d'Abdère n'est, pour ainsi dire, que le prolongement de l'école précédente. Ses deux principaux représentants sont Leucippe et Démocrite.

Leucippe est probablement né à Abdère, en Thrace, vers la fin du VIᵉ siècle avant J.-C. On ne sait rien de sa vie.

Démocrite, né aussi à Abdère, vers l'an 460, y mourut dans un âge très avancé. La tradition nous représente ce philosophe comme un génie puissant, l'Aristote de son temps; malheureusement de ses nombreux ouvrages (Diogène de Laërte en compte 72), dont le style, si nous en croyons Cicéron, à la fois clair et poétique, aurait pu rivaliser avec celui de Platon, il ne nous reste que des titres d'une authenticité souvent douteuse.

Comme les philosophes ioniens, Leucippe et Démocrite partent de l'expérience, en y joignant un commencement d'induction limitée au monde sensible.

1º Toute la *théorie physique* de cette école est fondée sur l'existence du vide, et sur celle des atomes :

Le *vide* n'a qu'une propriété, l'étendue infinie; son rôle est purement passif, il rend possible le mouvement et la pluralité des êtres. — Les *atomes* sont les éléments étendus et indivisibles dont la matière est formée. Ils sont infinis en nombre et doués de trois propriétés essentielles : la solidité, la figure et le mouvement; en s'associant de diverses manières sous l'empire de la fatalité, ils forment les différents corps. Quant à certaines propriétés matérielles qu'il est impossible de faire dériver d'un mouvement mécanique des atomes, par exemple, les saveurs, les couleurs, elles n'ont pour Démocrite aucune réalité objective et se réduisent à de simples affections personnelles. C'est la distinction des qualités primaires et secondaires de la matière.

L'*âme* est de même nature que le feu : elle est composée d'atomes ronds et subtils qui pénètrent dans toutes les parties du corps et lui communiquent la vie. — Pour cette école, *Dieu* n'existe pas.

2º A cette théorie physique, Démocrite joignit un essai de *psychologie sensualiste* et de *morale :*

Pour expliquer la pensée, il a recours aux *idées-images,* dont il est regardé comme l'inventeur: des objets extérieurs s'échappent certaines émanations qui leur ressemblent (εἴδωλα); ces images se glissent par le canal des sens jusqu'à l'âme, et lui font connaître, en la touchant, les objets qu'elles représentent.

Démocrite a aussi une morale, mais une *morale sceptique et sensualiste* telle qu'elle devait résulter de ses doctrines : il ne se passionne pour rien, éloigne toutes les causes de trouble, et met le souverain bien dans une certaine égalité d'âme (εὐθυμία).

Métrodore, de Chio, disciple de Démocrite, tirant les conséquences de la théorie sensualiste sur l'origine des idées, tomba dans le scepticisme le plus absolu : « Je ne sais rien, disait-il, pas même que je ne sais rien. » Il eut pour disciple *Anaxarque,* qui fut à son tour le maître de Pyrrhon.

« Passons de l'Ionie sur les côtes de l'Italie et en Sicile, dans les colonies de race dorienne, nous trouverons des écoles qui, négligeant les phénomènes eux-mêmes pour étudier leurs rapports, tendent à l'idéalisme; ce sont les écoles de Pythagore et de Xénophane. » (Cousin.)

III. — École italique.

Pythagore, fondateur de cette école, est né probablement à Samos vers l'an 580. Après avoir reçu les leçons de Phérécyde de Syros, contemporain de Thalès, il parcourut l'Égypte et plusieurs parties de l'Asie dans le but de s'instruire, et vint fonder son école à Crotone, dans cette partie de l'Italie qu'on appelait la Grande Grèce. Ses disciples formaient une association politique, religieuse et philosophique; ils avaient des initiations, des épreuves, un langage symbolique et voilé, et professaient un respect exagéré pour l'enseignement du maître. Cette parole : αὐτὸς ἔφη, « le maître l'a dit, » tenait lieu de toute démonstration. Pythagore mourut vers l'an 500, sans avoir laissé d'écrits.

L'obscurité des symboles pythagoriciens, la rareté des documents authentiques, l'incohérence des fragments mutilés qui nous restent, le caractère mystérieux de cette école, rendent très difficile un exposé doctrinal un peu exact. Pour avoir quelque idée du système de Pythagore, il ne faut pas perdre de vue que son école est une école de mathématiciens qui ne voient partout que des rapports numériques, et ramènent à ces rapports la beauté et l'harmonie des choses.

Tout nombre est une réunion d'unités, et suppose d'une part des *unités*, de l'autre certains *intervalles* qui les distinguent et sont le principe de la *pluralité;* empruntant un langage familier aux philosophes grecs, on dira donc que le nombre est formé d'*un* et de *plusieurs;* si on considère que l'unité est impaire, et que deux, premier nombre multiple, est pair, on dira encore que tout nombre est formé du *pair* et de *l'impair*.

De même la réalité des corps se ramène à deux éléments : la *monade*, et les *intervalles*, qui forment la *dyade* ou matière. Dans toute la nature on retrouve ces deux éléments sous des formes diverses : le fini et l'infini, le déterminé et l'indéterminé, le repos et le mouvement, la lumière et les ténèbres, le bien et le mal. La nature des choses est ainsi conforme à la nature des nombres, qui paraissent être pour cette école les vrais principes des choses.

Mais les nombres eux-mêmes ont pour principe premier l'unité; et comme le multiple est contenu dans un, ainsi la dyade est comprise dans la monade, mais sans division; de telle sorte que l'Unité est à la fois principe et élément. Comme principe, elle est Dieu, et contient en soi d'une façon indiscernable les deux contraires, l'un et le multiple, la monade et la dyade; aussi l'appelle-t-on le *pair-impair* (ἄρτιο-πέρισσος). Comme élément, elle se distingue de son contraire, elle est la matière des choses.

L'Un, principe divin, est ainsi mêlé aux choses, et forme l'âme du monde, du κόσμος, où tout est harmonie. Les dix sphères (la décade formée de la réunion des quatre premiers nombres se trouve partout) qui le composent produisent, *en tournant autour du soleil,* un concert admirable.

Quant à l'*âme,* quelle est sa nature? Est-elle un nombre qui se meut lui-même, ou bien est-elle une harmonie, selon l'opinion prêtée à Simmias dans le *Phédon?* Ce point de doctrine est très obscur. Dans tous les cas, les âmes dérivent directement de l'Unité première, principe de perfection, et ont pour loi fondamentale de se dégager des liens de la matière, principe de mal et d'erreur; de là toute une série d'études, au premier rang desquelles il faut placer les mathématiques et la musique, pour les conduire graduellement à la connaissance de la vérité pure; de là un régime sévère d'abstinence, pour soumettre le corps à l'empire de l'âme. Les âmes qui font le bien revêtent dans des vies successives des corps de plus en plus subtils, jusqu'au complet affranchissement, qui est leur transformation dans l'unité; celles qui font le mal passent, au contraire, dans des corps plus grossiers que celui qu'elles habitaient. Telle est la métempsycose de Pythagore.

Pour la *société,* les pythagoriciens rêvaient le gouvernement de l'État par les sages, la justice fondée sur l'égalité et la communauté des biens.

Les principaux représentants de l'école italique après Pythagore furent : *Ocellus* de Lucanie et *Archytas* de Tarente, disciples immédiats de Pythagore; *Philolaüs,* disciple d'Archytas et ami de Platon; enfin *Timée* de Locres.

IV. — École éléatique ou métaphysicienne.

L'école éléatique continue, en l'exagérant, la tendance spiritualiste de l'école pythagoricienne, et aboutit au panthéisme idéaliste. Les principaux représentants de cette école sont : Xénophane, Parménide, Zénon et Melissus.

Xénophane, né à Colophon, en Asie Mineure, dans la première moitié du vi⁰ siècle, vint enseigner à Élée, dans la Grande Grèce, et vécut près de cent ans.

Sa doctrine philosophique peut se réduire à ces deux points essentiels : d'une part, il ramène tout à l'unité, et cette unité, qui comprend tout, qui est Dieu, subsiste éternelle et immuable, sous forme sphérique ; d'autre part, bien que pour lui toute production soit impossible, il semble admettre la réalité du monde matériel.

Les incohérences du système tiennent aux influences opposées de Thalès et de Pythagore, que subit Xénophane. L'influence de Pythagore prédomine bientôt, et l'école éléatique devient exclusivement métaphysicienne avec Parménide, Zénon et Melissus.

Parménide, né à Élée vers 520, fut disciple de Xénophane. D'après certaines traditions, dont la valeur est contestable, il aurait été le législateur de sa patrie. Un fait plus certain est un voyage qu'il fit à Athènes avec son disciple Zénon vers l'an 460, dans le but avoué de combattre les Ioniens.

Parménide distinguait deux sortes de connaissances : les *perceptions des sens* et les *conceptions de la raison*. — Les premières sont fausses et trompeuses, elles ne donnent que de pures apparences ; on peut, il est vrai, pour plaire au vulgaire qui croit au témoignage des sens, chercher les caractères et les lois des phénomènes sensibles, et tout expliquer par l'action opposée de deux principes, le froid et le chaud ; mais ce n'est là qu'un fantôme de science. — Les conceptions de la raison atteignent seules la certitude et la vérité ; ce que la raison conçoit comme vrai absolument, c'est l'être, l'être absolu en dehors duquel rien n'existe, l'être un, immobile et éternel. Mais la pensée elle-même qui conçoit l'être, qu'est-elle, sinon l'être ? Il y a donc identité entre l'être et la pensée de l'être, entre la pensée et son objet, et tout s'abîme dans le sein de cette unité suprême et parfaite, hors de laquelle il n'y a rien.

C'est, on le voit, l'idéalisme sous sa plus audacieuse formule. Le vice radical de ce système est la négation du témoignage des sens ; les faits ne sont pas toute la science, mais ils en sont le fondement et le point de départ.

Zénon, d'Élée (540), disciple de Parménide, comme nous l'avons déjà dit, est le logicien de l'école. Il nie résolument toute réalité sensible et s'efforce spécialement de faire ressortir les contradictions que renferment, d'après lui, les notions de matière, de mouvement, d'espace. — Un *être matériel* répugne, car si on le divise, ou les parties de cet être matériel sont étendues, ou elles ne le sont pas ; dans le premier cas, elles peuvent encore être divisées, et cela à l'infini, or la divisibilité à l'infini est une idée contradictoire, qui détruit la réalité même de l'être en détruisant son unité ; dans le second cas, elles ne seraient rien, et le rien ne peut constituer une réalité. — Le *mouvement* est absurde, car l'espace étant divisible à l'infini dans le système des adversaires, le mouvement suppose que dans un temps fini un corps peut parcourir un nombre infini de parties, ce qui répugne. C'est à cette démonstration qu'il faut rapporter quelques sophismes célèbres, entre autres ceux de la tortue, de la flèche. — L'*espace* n'existe pas ; si l'espace est réel, en effet, il est contenu dans quelque chose, c'est-à-dire qu'il faut un nouvel espace qui le renferme ; ce nouvel espace en exige un troisième, et ainsi de suite à l'infini.

Melissus, de Samos, florissait vers l'an 450. Les concessions qu'il fit aux atomistes, loin de fortifier l'école éléatique, aboutirent à des contradictions qui la ruinèrent bientôt. Il en fut le dernier représentant.

V. — École éclectique d'Héraclite.

Nous rangerons sous ce titre quelques philosophes placés souvent parmi les Ioniens :

Héraclite (vers 540), originaire d'Éphèse, suivit d'abord les philosophes ioniens, puis Xénophane, et conçut enfin un nouveau système, qu'il exposa dans un ouvrage intitulé *de la Nature,* dont le style obscur mérita à son auteur le nom de *ténébreux.*

Héraclite distingue assez nettement *dans le monde deux sortes de réalités,* les unes spirituelles et invisibles, les autres matérielles et sensibles. Pour la nature de celles-ci, il se rapproche de la doctrine de Leucippe et de Démocrite. Quant à la nature spirituelle et invisible, il nous la représente comme *une force ignée, lumineuse, immatérielle et intelligente.* Cette force ignée est le principe générateur du monde. Transformant les atomes, elle les change en air, puis en eau, en terre, pour revenir ensuite à sa première forme. Ainsi toutes choses sont sujettes à une incessante mobilité, et la nature entière ressemble à un fleuve qui s'écoule sans cesse. Cet état durera jusqu'à l'embrasement universel, qui ne sera point encore un terme, mais seulement un passage à un monde nouveau. Tous ces changements sont soumis aux immuables et inflexibles lois de la nécessité, et résultent de l'action de deux principes opposés : la guerre [1] ou la discorde qui produit la génération, et la paix [2] ou la concorde qui produit l'embrasement.

Pour Héraclite, notre *âme* est une étincelle du feu divin ; elle participe à son intelligence, elle se manifeste dans le corps, et y devient visible comme l'éclair qui perce le nuage. — Nous avons d'après lui deux *moyens de connaître :* les sens et la raison. Les sens ne nous font point connaître ce que sont les choses en elles-mêmes. La raison est l'unique règle de la vérité ; toutefois Héraclite n'entend point parler de la raison individuelle, mais de la raison universelle et divine. Toutes les fois que nous sommes en communication avec celle-ci, dit-il, nous sommes dans le vrai ; nous sommes dans le faux, au contraire, toutes les fois que nous nous abandonnons à notre sens individuel. — En *morale,* le devoir essentiel de l'homme est de se résigner à la loi du destin, et de purifier en soi-même le feu divin en le rendant indépendant des sens et des passions.

Cratyle, disciple d'Héraclite, eut l'honneur d'être le premier maître de Platon.

Empédocle, d'Agrigente, est du commencement du Ve siècle. Sorti de l'école pythagoricienne, il paraît avoir étudié la philosophie sous plusieurs maîtres, et se rattache assez naturellement à l'éclectisme d'Héraclite. Il inventa ou du moins déve-

---

[1] La *guerre* est un principe d'*altération* qui produit la variété des êtres au moyen de transformations diverses.

[2] La *paix* est un principe d'*assimilation* qui tend à ramener toutes choses à la force primitive, le feu.

loppa la théorie des *quatre élémens :* l'air, le feu, la terre et l'eau, théorie qui a eu cours longtemps dans les écoles.

La vie, la mort et la doctrine d'Empédocle sont remplies de bizarreries et d'étrangetés qui excitent encore la sagacité des érudits. Nous ne pouvons nous y arrêter.

Anaxagore, de Clazomène (500), l'ami de Périclès, admet deux principes des choses : une *matière première,* composée d'atomes, infinis en nombre, simples et indivisibles, de nature identique, qu'il appelle *homœoméries,* et un *principe premier,* l'intelligence (ὁ νοῦς), qui vient coordonner ces parties élémentaires et former le monde. Non seulement Anaxagore reconnaît la nécessité d'un principe intelligent, mais il indique avec beaucoup de précision ses principaux attributs : sa science absolue, son indépendance, son infinité, sa puissance qui vivifie toutes choses.

Ce Dieu n'est point, comme celui d'Héraclite, un dieu-nature; c'est un Dieu distinct du monde, et dont la notion n'avait point encore paru chez les philosophes avec cette lumière. Malheureusement Anaxagore n'évita point un dualisme grossier : la matière première est éternelle, résiste à l'action divine et reçoit avec peine le mouvement.

VI. — École des sophistes.

Les exagérations et les erreurs manifestes des deux écoles d'Abdère et d'Élée, l'insuccès des essais de conciliation qui se produisirent, ne devaient pas tarder à engendrer le scepticisme. De ce que la raison humaine n'était point arrivée à résoudre d'une façon satisfaisante le problème qu'elle s'était posé, on allait conclure qu'elle était impuissante à trouver la vérité.

Les sophistes apparurent vers le milieu du ve siècle; c'étaient des hommes qui faisaient profession de savoir et d'enseigner. A l'origine, leur nom n'avait rien de déshonorant; mais ils ne tardèrent pas à le rendre méprisable en soutenant le pour et le contre sur mille questions philosophiques, politiques et religieuses, en ne recherchant que le succès sans s'inquiéter de la justice, en montrant enfin un amour de l'argent que n'avaient point connu les philosophes précédents.

Les principaux sophistes sont : *Protagoras,* d'Abdère (490), disciple de Démocrite, et *Gorgias,* de Léontium (485), sorti de l'école éléatique.

La thèse favorite du premier était que « l'homme est la mesure de toutes choses, de celles qui sont en tant qu'elles sont, de celles qui ne sont pas en tant qu'elles ne sont pas » ; en d'autres termes, que les vérités sont purement relatives. On peut donc soutenir ce qu'on veut, le seul guide à suivre en matière d'opinions et de discours est le profit sensible qu'on doit retirer de ses paroles. « La science, c'est la sensation. »

Le second s'efforce de démontrer ces trois thèses : 1° rien n'existe ; 2° si quelque chose existe, nous ne pouvons le connaître ; 3° si quelque chose existe et peut être connu, nous ne pouvons le faire connaître aux autres. — Pour lui, le bonheur est dans la satisfaction de toutes les passions ; les lois sont des chaînes forgées par les faibles, et que les forts doivent s'efforcer de rompre pour exercer une domination universelle.

Citons encore parmi les sophistes : *Prodicus,* de Céos, formé à l'école de Protagoras ; *Calliclès,* d'Athènes ; *Polus,* d'Agrigente, disciple de Gorgias ; *Hippias,* d'Elis, qu'on regarde comme l'inventeur de la *mnémotechnie; Critias,* l'un des trente tyrans.

DEUXIÈME ÉPOQUE

DE SOCRATE (470) AU COMMENCEMENT DE L'ÈRE CHRÉTIENNE

SOCRATE (470-399)

Biographie. — Né à Athènes d'un sculpteur nommé Sophronisque et d'une sage-femme nommée Phénarète, Socrate exerça d'abord la profession de son père. D'après le conseil de Criton, il la quitta bientôt pour s'adonner à la philosophie, qu'il étudia dans les ouvrages d'Anaxagore.

La fermeté semble le trait saillant du caractère moral de Socrate. Dans la vie privée, on le voit supporter avec patience le caractère acariâtre de sa femme Xantippe, et calmer par ses conseils l'irritation de son fils Lamproclès. Dans la vie publique, il se distingue par son courage, soit comme citoyen, en sauvant la vie d'Alcibiade à Potidée, de Xénophon à Delium, soit comme membre du sénat élu par le sort, en s'opposant seul à

l'injuste condamnation des dix généraux athéniens, vainqueurs
aux Arginuses. Il respectait en général les lois et les usages
de son pays, mais on doit convenir qu'il traitait les dieux
d'Athènes avec un léger dédain, « un demi-sourire, » a-t-on
dit. Les ennemis qu'il s'était faits par ses discussions et ses
railleries y trouvèrent prétexte pour soulever le peuple contre
lui. Aristophane le bafoua publiquement dans les *Nuées*, et
deux citoyens, Anytus et Mélitus, l'accusèrent enfin de mépriser les dieux et de corrompre la jeunesse. Socrate eut, en face
des héliastes, une attitude hautaine qui acheva de les irriter
contre lui. Il fut condamné à mort, et but tranquillement la
ciguë, en s'entretenant avec ses disciples sur l'immortalité de
l'âme. Il avait soixante-dix ans.

Socrate n'a point laissé d'ouvrages. Son enseignement nous
a été transmis par deux disciples, Xénophon et Platon. Le premier s'applique à reproduire fidèlement le genre, la méthode
et les manières de Socrate; mais peut-être est-il superficiel et
incomplet. Platon développe la doctrine de son maitre, et souvent lui prête des idées qu'il ne doit qu'à la fécondité de son
propre génie [1]. Pour connaître Socrate, il faut lire Xénophon
et Platon, les corriger et compléter l'un par l'autre.

PHILOSOPHIE DE SOCRATE

Caractère général. — Socrate peut être regardé comme
le véritable fondateur de la philosophie : *Parens philosophiæ
jure dici potest.*

Tout d'abord il avait éprouvé un immense désir de rechercher les causes physiques de divers phénomènes. Plus tard la
lecture d'un ouvrage d'Anaxagore lui fit reconnaître que la
cause du monde devait être intelligente. Il ne s'arrêta pas
là et s'éleva à une idée supérieure, celle du *bien*, cause dernière de tout ce qui existe; de là le caractère éminemment
moral et pratique de sa philosophie, qui est une *réaction contre
les cosmogonies hypothétiques des premiers philosophes* d'une
part, et de l'autre *contre la dialectique nihiliste des sophistes.*

---

[1] On rapporte qu'un jour Socrate, entendant Platon lui lire un de ses dialogues, se serait écrié : « Que de belles choses me fait dire ce jeune homme,
auxquelles je n'ai jamais pensé ! »

Le but de Socrate est de rendre l'homme meilleur. « Il fait descendre, selon la pensée de Cicéron, la philosophie du ciel sur la terre, l'amène à s'occuper de la vie et des mœurs des hommes, des choses bonnes et mauvaises. » Sa philosophie est une philosophie *humaine*. Il répète à tout instant à ses disciples cette maxime célèbre gravée au fronton du temple de Delphes : Ι'νῶθι σεαυτόν, « Connais-toi toi-même, » qui exprime pour lui et le vrai point de départ de la philosophie, et la méthode générale à suivre pour arriver à la science.

Méthode de Socrate. — *Cette méthode,* connue sous le nom de *méthode socratique,* se présente sous deux formes spéciales qu'il faut connaître. Socrate ne donnait point son enseignement dans une école particulière; on le voyait tous les jours dans les rues, sur les places publiques et jusque dans les maisons des particuliers, discutant avec les sophistes ou enseignant les jeunes gens.

Avec les premiers, il feignait le plus souvent de ne rien savoir; il leur demandait de l'instruire, les interrogeait : « Tout ce que je sais, disait-il, c'est que je ne sais rien. » Mais par ses interrogations habilement ménagées il arrivait bientôt à les convaincre d'ignorance, de vanité ou de mauvaise foi. C'est là l'*ironie socratique,* raillerie dissimulée qui repose sur ce principe très philosophique, que toute erreur porte en elle un principe de mort, c'est-à-dire de contradiction, que la discussion doit manifester.

Il procédait aussi par interrogations avec ses disciples, les prenait avec leurs idées, leurs préjugés mêmes, et peu à peu les amenait à découvrir en eux-mêmes les vérités qu'il voulait leur enseigner. Il était persuadé que l'âme porte en elle les germes de la vérité, mais étouffés par les opinions fausses qu'enfantent les passions; il n'y a qu'à dégager la vérité de l'erreur, c'est l'objet de la *maieutique.*

Quant aux procédés logiques de la méthode socratique, ils comprenaient la *définition* et la *généralisation* (induction socratique). Les sophistes ne voyaient que la sensation toujours changeante et relative ; Socrate veut arriver à définir toutes les choses par ce qu'elles ont d'essentiel, à les distinguer en genres et en espèces, de manière à déterminer le rang véritable de chacune. Il écarte donc, par des éliminations successives, les différences individuelles pour arriver à connaître ce que chaque chose est en soi, pour remonter toujours de l'espèce au genre, de la vérité particulière au principe universel.

Enseignement de Socrate : (a) Sur Dieu. — On a nommé Socrate le révélateur du Dieu de l'Occident. Pour lui, *Dieu* est un, éternel, immense, intelligent et bon; il est présent partout et veille sur toutes choses. Son *démon* n'était, même d'après quelques-uns, que l'exagération de cette croyance à la Providence. Il établit l'existence de Dieu par la nécessité d'une cause première et l'argument des causes finales. Les *dieux* sont des puissances secondaires, inférieures à la perfection suprême, mais supérieurs à l'homme.

(b) **Sur l'homme.** — *Psychologie.* Socrate distingue dans l'homme l'âme et le corps. Il attribue à l'âme deux grandes facultés : les *sens*, qui lui font connaitre les individus, et la *raison*, qui forme les idées générales. Cette âme est immortelle [1], le bonheur de la vie future consistera « dans une perpétuelle conversation avec les grands hommes de tous les âges ».

Morale. — La philosophie de Socrate est, avons-nous dit, essentiellement *morale;* mais pour lui la vertu, inséparable du bonheur, se confond avec la science; les actions de l'homme sont la conséquence nécessaire de ses pensées. Le vice n'est qu'ignorance, et nul n'est méchant volontairement.

Au fond il n'y a qu'une vertu, la science du bien ou la sagesse, qui devient courage, tempérance, justice ou piété, selon qu'on la considère comme réglant la volonté, la sensibilité ou nos rapports avec les autres hommes et avec Dieu. Socrate entre dans les détails; il célèbre l'amitié, glorifie le travail manuel, rehausse la dignité de la femme et de l'esclave, etc.

Esthétique. — Pour Socrate, le beau fait partie de la morale: il résulte chez l'artiste de l'expression, par les formes des qualités de l'âme; chez l'homme accompli (καλὸς κἀγαθός) il réside dans ces grâces extérieures qui révèlent la tempérance et la majesté.

---

[1] Socrate n'établit pas l'immortalité de l'âme par des arguments directs, mais plutôt en s'appuyant sur la tradition et les légendes des poètes. Platon l'a beaucoup dépassé. Certains auteurs reprochent même à Socrate de ne proposer à la vertu d'autre sanction que la *satisfaction actuelle* d'avoir bien agi.

Politique. — La politique, comme la morale, repose sur la science. Socrate veut l'aristocratie du savoir et de la vertu : il ridiculise l'usage qu'ont les Athéniens d'élire les magistrats au sort de la fève.

Disciples de Socrate.

Les disciples de Socrate étaient fort nombreux et appartenaient aux conditions les plus variées. Les uns se contentaient d'écouter ses conversations éloquentes et railleuses, et d'en tirer un profit quelconque pour leur conduite privée ou leur conduite politique; tels semblent avoir été le poète *Euripide*, l'orateur *Lysias*, l'homme d'État *Alcibiade;* les autres cultivèrent presque exclusivement la philosophie, empruntant les théories du maître et les déformant, comme *Antisthène, Aristippe, Euclide,* ou les embellissant et les développant avec un génie supérieur, comme Platon.

Entre ces deux catégories se placent les *socratici viri*, écrivains qui virent en Socrate surtout un moraliste, et s'appliquèrent à recueillir presque uniquement ses maximes et les actes de vertu dont il donna l'exemple. Le plus remarquable et le seul dont les écrits nous soient parvenus est *Xénophon.*

Xénophon naquit près d'Athènes vers 445. Il fréquentait déjà Socrate depuis plusieurs années, quand il prit part avec lui à la guerre du Péloponèse. Plus tard il fit partie des corps auxiliaires grecs au service de Cyrus, et tout le monde sait comment, après la défaite de Cunaxa, il ramena dans leur patrie les dix mille Grecs qui l'avaient choisi pour chef.

Quelques années après son retour, banni d'Athènes à cause de son amitié pour Agésilas, roi de Lacédémone, il en vint jusqu'à combattre à Coronée, dans les rangs spartiates, contre sa patrie. On croit qu'il mourut à Corinthe en 355. C'est à Sparte, pendant son exil, qu'il a composé la plupart de ses ouvrages. Il s'y révèle comme un homme pratique, modéré, moraliste plutôt que philosophe, soucieux avant tout de rechercher en toutes choses l'utilité immédiate. Son style est simple, mais précis, facile et harmonieux.

On a de Xénophon quelques compositions historiques, telles que les *Helléniques* ou *Histoire de la Grèce* en sept livres, l'*Anabase* ou récit de la retraite des dix mille, la *Cyropédie* ou l'enfance de Cyrus; des opuscules politiques sur Sparte et

Athènes; des ouvrages didactiques sur la cavalerie. Mais, au point de vue qui nous occupe, nous devons spécialement mentionner ses ouvrages philosophiques : le *Banquet* ou dialogue sur la beauté; *Hiéron* ou dialogue sur les devoirs d'un roi; l'*Apologie pour Socrate* dont l'authenticité est douteuse; l'*Économique* ou l'art de bien ordonner une maison; enfin les *Entretiens mémorables de .Socrate,* divisés en quatre livres, dans lesquels Xénophon entreprend de réhabiliter la mémoire de son maître en réfutant les accusations portées contre lui, et surtout en rapportant les conversations qu'il tenait avec les jeunes gens des plus nobles familles.

Pour connaître les résultats de l'impulsion nouvelle donnée à la philosophie par Socrate, nous devons étudier les diverses écoles qui ont suivi son apparition, et, suivant l'usage, nous les diviserons en deux groupes : *petites* et *grandes* écoles.

(A) PETITES ÉCOLES

Les petites écoles n'embrassent qu'une partie de la philosophie; elles s'arrêtent à un point de vue exclusif. Elles jetèrent d'ailleurs peu d'éclat et ne subsistèrent pas longtemps. On en compte trois ou quatre.

I. — École cynique.

L'école cynique, ainsi appelée soit à cause de son mépris des convenances, soit à cause du cynosarge (autel du chien blanc, près d'un temple d'Hercule), où elle se réunissait, fut fondée par Antisthène : elle est toute *morale.*

Antisthène (422) avait suivi les leçons de Gorgias avant de s'attacher à Socrate. Fort de ce principe que la vertu est le seul bien, il dédaigne tous les avantages extérieurs, rejette les arts et les sciences, nie tout devoir social, et réduit toute morale à cette maxime : « Vis conformément à la simple nature. » — « Antisthène, disait Platon, je vois ton orgueil à travers les trous de ton manteau. » Ce mot nous donne le principe de la morale cynique, *antécédent véritable de l'école stoïcienne.*

Diogène de Sinope, surnommé « le Chien » (414), fils d'un faux monnayeur et faux monnayeur lui-même, exagéra encore le mépris des hommes, des institutions et des usages reçus, professé par Antisthène; mais malgré son talent et le bruit qui s'est fait autour de son nom, « ce Socrate en délire, » comme l'appelle Platon, n'est pas un vrai philosophe.

CRATÈS, de Thèbes (vers 380), disciple de Diogène, est le dernier représentant de l'école cynique, dont il tempère l'excessive rudesse. Il a formé Zénon, c'est là son titre de gloire.

II. — École de Cyrène (colonie d'Afrique).

Cette école, exclusivement *morale* comme la précédente, a pour chef Aristippe; elle prélude à *l'épicurisme*.

ARISTIPPE, surnommé l'*Ancien* (420 environ), part de ce principe de Socrate que la philosophie doit être essentiellement pratique, et tendre au bonheur de l'homme; mais il fait consister ce bonheur dans la jouissance actuelle, c'est-à-dire dans l'obéissance passive aux instincts de la nature.

ARÉTÉ, sa fille, recueillit cette doctrine et la transmit à son fils ARISTIPPE, surnommé le *Jeune* ou Métrodidacte (instruit par sa mère). Celui-ci paraît avoir érigé en système de morale les idées éparses de sa mère et de son aïeul. On lui attribue spécialement cette célèbre distinction du *plaisir en repos*, qui n'est que l'absence de la douleur, et du *plaisir en mouvement*, qui est le résultat de sensations agréables et constitue le souverain bien.

THÉODORE l'*Athée*, disciple du second Aristippe, arrive au plus grossier égoïsme par un système complet d'indifférence morale et religieuse. — ÉVHÉMÈRE (350 environ), l'un de ses disciples, donne son nom à la doctrine qui ne voit dans les dieux que des hommes supérieurs divinisés par la crainte ou l'admiration de leurs semblables. — Vers le même temps HÉGÉSIAS, autre représentant de cette école, frappé de l'impossibilité pour l'homme d'arriver à cette jouissance qui est le but de la vie, prêche ouvertement le suicide.

ANNICÉRÈS (330 environ), dernier représentant de l'école cyrénaïque, se révolte contre ces effrayantes théories. Tout en acceptant le principe du plaisir en mouvement comme souverain bien, il parle de délicatesse dans la vertu et recommande les jouissances intellectuelles.

III. — École de Mégare.

L'école de Mégare, fondée par Euclide quelques années avant la mort de Socrate, se rattache par sa dialectique aux *sophistes*, et par sa métaphysique à l'*école d'Élée;* mais elle fit tendre sa doctrine vers un but moral. Ses principaux représentants sont: Euclide, Eubulide, Diodore, Stilpon.

Euclide, de Mégare (440), qu'il ne faut pas confondre avec le célèbre géomètre d'Alexandrie, avait eu pour maître Parménide avant de suivre Socrate. Comme les philosophes d'Élée, il n'a foi qu'en la raison, ramène tout à l'unité; mais une idée qui lui est propre, c'est l'identification du bien et de l'être que devait plus tard adopter l'école d'Alexandrie. Pour Euclide, le principe unique de toutes choses que les philosophes appellent indifféremment sagesse, Dieu ou intelligence, n'est pas la cause du bien, mais le bien lui-même considéré sous divers points de vue.

Eubulide, de Milet (vers 380), le plus connu des disciples d'Euclide, attaqua la doctrine péripatéticienne en s'efforçant de montrer qu'il n'est pas une seule des notions expérimentales qui ne donne lieu à d'insolubles difficultés. Tel est le but de ces sophismes fameux, le *Menteur*, le *Voilé*, le *Cornu*, le *Chauve*, que l'antiquité nous a conservés (voy. *Dict. sciences phil.*), et qui firent bientôt donner à l'école de Mégare le nom d'Éristique ou Disputeuse.

Diodore, surnommé *Cronus* (vers 360), *valens dialecticus*, comme l'appelle Cicéron, soutint cette réputation et attaqua sans pitié toute doctrine qui ne se renfermait pas dans la formule mégarique : Rien n'existe que ce qui est un, toujours semblable et identique à soi-même.

Stilpon (vers 370) représente surtout la tendance morale de l'école; il fait consister le souverain bien dans l'impassibilité. Il fut l'un des maîtres de Zénon.

IV. — Écoles d'Élis et d'Érétrie.

Citons seulement ces deux écoles à peine distinctes l'une de l'autre, qui ne sont qu'un appendice sans valeur de l'école de Mégare.

L'école d'Élis (Péloponèse) fut fondée par Phédon, disciple

immédiat de Socrate, qui mérita par son dévouement de donner son nom à l'un des plus beaux dialogues de Platon.

L'un de ses successeurs, MÉNÉDÈME, d'Érétrie (Eubée), transporta dans sa patrie l'école dont il était le chef. Disciple de Platon d'abord, puis de Stilpon, il ne fit qu'exposer la doctrine de l'école de Mégare, mais avec plus de splendeur et d'éclat que ses devanciers, *uberius et ornatius*, dit Cicéron.

(B) GRANDES ÉCOLES

Ces écoles nous offrent des systèmes complets de philosophie ; elles eurent tout à la fois plus de durée et plus d'éclat que les petites écoles dont nous venons de parler. On en compte assez communément cinq : l'école de Platon, connue sous le nom d'Académie ; l'école d'Aristote, connue sous le nom d'école péripatéticienne ou du Lycée ; l'école de Pyrrhon ou école sceptique ; l'école d'Épicure ; enfin l'école de Zénon, appelée le Portique.

Platon et *Aristote*, les deux plus grands noms de la philosophie grecque, vont nous offrir le *vrai développement de la révolution philosophique dont Socrate est l'auteur.*

I. — École de Platon.

Biographie. — PLATON (Aristoclès était son véritable nom) descendait, dit-on, de Codrus par son père Ariston, et de Solon par sa mère Périctioné. Né à Athènes ou dans l'île d'Égine en 427, il mourut en 347 ; sa vie embrasse ainsi une période de 80 ans, qui correspond à l'époque la plus malheureuse de l'histoire d'Athènes.

Platon cultiva d'abord les arts et la poésie. De bonne heure pourtant il fut initié par Cratyle à la philosophie des Ioniens, par Hermogène à celle des Éléates ; mais ce fut Socrate qui exerça sur son génie naissant une influence décisive. Platon avait vingt ans quand il s'attacha à ce maître, auquel il demeura fidèle jusqu'au dernier jour.

Si nous en croyons quelques historiens, Platon, après la mort de Socrate, aurait entrepris de nombreux voyages en Orient, dans l'Égypte, la Phénicie, la Perse et jusque dans l'Inde. Il est impossible d'ajouter foi à tous ces récits ; toutefois il paraît certain que Platon alla à Mégare avec quelques autres disciples de Socrate, puis à Cyrène près du géomètre Théodore, qu'il passa ensuite dans la Grande Grèce, où il se mit en rapport avec les pythagoriciens; enfin en Sicile, où il parut à la cour de Denys l'Ancien. Son amour pour la justice, qu'il cherchait à inspirer au tyran, lui attira de sa part les plus odieuses persécutions.

Après une absence de douze années environ, Platon revint dans sa patrie et inaugura (388), dans le jardin de l'*Académie* (gymnase d'Athènes ainsi appelé du nom du héros Académus), cet enseignement élevé qu'il devait continuer pendant vingt ans. Deux fois encore, en 367 et 361, il fit le voyage de Sicile dans l'espoir d'établir à Syracuse une république fondée sur la vertu. Il ne réussit pas, et revint à Athènes, qu'il ne quitta plus. Il y vécut paisiblement pendant ses dernières années, tout occupé de la composition des chefs-d'œuvre qui l'ont fait surnommer le divin Platon et le prince des philosophes.

Ouvrages. — Les ouvrages que nous avons sous le nom de Platon se composent de treize lettres d'une authenticité très douteuse, et de quarante dialogues dont plusieurs (Alcibiade second, etc.) ne sont probablement pas de lui. On range ordinairement ces dialogues en trois groupes, d'après l'époque à laquelle ils ont dû être composés : 1° *Dialogues socratiques*, composés avant ou peu de temps après la mort de Socrate: *Lysis* ou de l'Amitié, *Lachès* ou de la Bravoure, *Protagoras* ou des Sophistes, etc.; ils ne renferment guère que l'exposé des idées de Socrate. 2° *Dialogues polémiques* composés de la mort de Socrate à la fondation de l'Académie : *Théétète* ou de la Science, le *Sophiste* ou de l'Être, *Parménide* ou des Idées, etc. 3° *Dialogues dogmatiques* écrits après la fondation de l'Académie : le *Phèdre* ou de la Beauté, le *Gorgias* ou de la Rhétorique, le *Phédon* ou de l'Immortalité, la *République*, le *Timée* ou de la Nature, les *Lois*. La pensée propre de Platon y éclate merveilleusement; et de ces derniers dialogues surtout il faut dire avec Cousin [1] : « Ce sont des œuvres de tout point accomplies,

---

[1] « Platon, historien et interprète de Socrate, s'est comme consacré à sa mémoire, dit encore Cousin, et, par une piété touchante, il s'efface lui-même, il rapporte tous ses travaux, toutes ses découvertes à son maître chéri et vénéré; il semble n'être que son secrétaire. Mais jamais homme peut-être n'a été plus original en prenant toutes les précautions pour ne le pas paraître. »

où l'esprit sarcastique d'Aristophane se mêle à la beauté tranquille de Sophocle, et qui demeurent sans rivales dans l'antiquité. Le style en est d'une simplicité extrême, mais dans cette simplicité apparait le sublime tempéré par la grâce. »

DOCTRINE DE PLATON

Il est difficile de faire connaître la doctrine de Platon; ses conceptions et ses principes philosophiques sont exposés, il est vrai, çà et là dans les divers dialogues, mais nulle part on ne les trouve coordonnés, enchaînés de façon à former un système régulier. Essayons de faire, quoique imparfaitement, ce travail de synthèse. La base de sa philosophie est dans la théorie des idées.

Théorie des idées. — *Sensations, notions, idées.* Platon transforme, en les réunissant, la plupart des théories de ses prédécesseurs :

Héraclite avait insisté sur la mobilité de toutes choses; Platon admet aussi ce principe, mais, et c'est là ce qui le sépare profondément de l'école ionienne, il ne l'applique qu'aux réalités sensibles. Pour lui, ces réalités sensibles ne méritent pas le nom d'être et ne sauraient être l'objet de la science; les *sensations* qui nous sont données par les sens sont essentiellement relatives, variables.

Socrate, comme nous l'avons dit, croyait que la science avait pour but de rechercher les rapports constants qui peuvent exister entre les divers phénomènes, les caractères généraux qui conviennent à plusieurs individus et déterminent les genres; Platon admet aussi que l'esprit s'élève par des comparaisons et éliminations successives, à des *notions* qui résument les caractères généraux de tout un groupe d'êtres ou de phénomènes et ne représentent plus seulement l'objet individuel de chaque sensation. Mais, pour lui, ces notions participent encore à la variabilité essentielle à l'ordre dans lequel elles ont leurs racines; il s'élève plus haut et cherche la raison même de ces genres auxquels s'arrêtait Socrate.

Pour Platon, les individus d'un genre participent tous à la vertu d'un principe unique qui réside en eux, leur communique l'unité, les spécifie, les sépare des autres êtres, et constitue la raison d'être de leurs mutuelles ressemblances. Ce

principe un et distinctif, qui rappelle Pythagore, est ce que
Platon appelle l'*idée*.

Nature des idées. — *En elles-mêmes* les idées platoniciennes
ne sont point de simples conceptions de l'esprit, bien qu'elles
soient les vrais principes de la science; ce sont les essences
mêmes des choses, *les types éternels* et parfaits d'après lesquels
ont été produits, *auxquels participent tous les êtres.* Elles sont
séparées des choses et existent en soi, unies par certains rapports, coordonnées selon leur degré de perfection.

En nous les idées ne sont que des *réminiscences.* Notre âme,
en effet, a contemplé dans une vie antérieure les pures essences
des choses. Unie à un corps, elle a oublié cette sublime vision;
mais les objets matériels, qui sont comme des images et des
copies de ces réalités intelligibles, la lui rappelle. Les idées
qu'elle acquiert sont des souvenirs imparfaits qu'elle retrouve,
des *réminiscences.*

Il existe, avons-nous dit, une hiérarchie entre ces idées, *elles
participent les unes des autres;* et au premier rang Platon
place les idées du *vrai,* du *beau,* du *juste.* Mais ces idées elles-
mêmes se rapportent à une idée supérieure, principe absolu
de toute existence comme de toute pensée, l'idée du *bien.* Et
cette idée du bien [1], soleil intelligible, n'est autre chose que
l'être absolu dont il est parlé dans le *Sophiste,* « auquel il est
impossible, dit Platon, de refuser la vie, le mouvement, l'intelligence. »

Quant à la question si débattue par les alexandrins, « de
quelles choses il y a, ou il n'y a point d'idées », on ne peut nier
que Platon n'ait souvent considéré comme idées absolues, de
simples conceptions abstraites, telles que la santé, la vitesse;
qu'il n'ait parlé « du lit en soi », de la « navette en soi ».
Ce sont là des exagérations qui ne détruisent point la beauté
réelle de la théorie des idées.

Théorie des choses. — Il y a deux principes essentiels des
choses, *Dieu* et la *matière :* Dieu a formé le monde avec la
matière, d'après les idées.

Dieu. — Dieu, pour Platon, est conçu sous trois aspects différents : il est le *bien,* source de tout ce qui est bon, comme de

---

[1] « L'être et la pensée, dit Platon dans le *Parménide,* émanent d'un même
foyer, sont les rayons d'un même soleil intelligible... De là l'harmonie de
toutes choses. »

tout ce qui est vrai, fin dernière de toutes choses ; il est aussi la *raison* suprême, ὁ λόγος, le lieu des idées où elles subsistent de toute éternité ; il est encore l'*ouvrier*, ou la cause des formes qui sont, dans l'ordre variable, l'empreinte extérieure des idées.

Platon établit l'existence de Dieu par l'argument du premier moteur, et la preuve des causes finales. Au-dessous de Dieu, et sous sa dépendance, sont les *dieux*, créatures admirables et puissantes, qui parachèvent l'œuvre du monde.

La matière. — La matière, principe essentiellement indéterminé est *coéternelle à Dieu*. Primitivement tout était en elle chaos et confusion. « Bon et désireux que toutes choses fussent autant que possible semblables à lui-même, » Dieu a *façonné* le monde d'après les idées qui, se mêlant en quelque sorte à la matière informe, sont venues lui donner l'ordre et la beauté. Mais la matière, imparfaite par elle-même, a plus ou moins résisté à cette action de Dieu ; de là les imperfections du monde matériel et les penchants mauvais des créatures libres.

Le monde ainsi organisé plutôt que créé par Dieu, est aux yeux de Platon comme un animal vivant, et se compose de deux parties : l'une spirituelle qui est son âme, l'autre matérielle qui est son corps. De l'âme du monde, dont la nature est fort obscure, sont sorties les âmes des dieux, des démons et des hommes. La partie matérielle du monde renferme deux éléments essentiels; le feu et la terre, unis au moyen de l'air et de l'eau.

Étude de l'homme. — L'âme est l'homme tout entier. Platon la définit : « une force qui se meut par elle-même. » Accidentellement unie à un corps pour l'expiation de fautes commises dans une vie antérieure, elle est essentiellement simple et distincte du corps ; elle lui est supérieure, et tandis que le corps participe à ce qui est passager et multiple, l'âme tend à ce qui est un, immuable et éternel.

Psychologie. — Dans le *Timée*, Platon semble admettre trois âmes : l'âme divine, qui réside dans le cerveau, et l'âme mortelle, qui se subdivise en deux parties, dont l'une, siège des passions, est placée dans la poitrine, et l'autre, siège des appétits grossiers, dans les intestins. Mais ce n'est pas là probablement le vrai sentiment de Platon ; dans la *République*, il n'admet qu'*une seule âme*, douée de *trois puissances* diverses :

le raisonnable ou la raison (ὁ νοῦς), l'irascible ou le cœur (θυμός), le concupiscible ou l'appétit inférieur (ἐπιθυμητικόν). A la raison seule il appartient de commander.

Un autre élément, l'*amour*, que Platon nous représente comme une sorte de délire ou d'enthousiasme, *accompagne chacune de nos facultés*. Dans le *Phèdre*, on distingue expressément deux sortes d'amour : l'amour grossier et terrestre, qui n'aspire qu'à la jouissance sensible et se rattache à l'appétit; l'amour noble et généreux, dont l'objet est la beauté divine qui prépare le mouvement ascensionnel de la raison vers le monde des idées. On peut y ajouter un troisième amour, qui s'exerce sur les objets intermédiaires entre les choses sensibles et le bien absolu, et d'où procèdent tous les mouvements énergiques de l'âme.

Logique et *Dialectique*. — Il y a, selon Platon, trois degrés dans la connaissance humaine :

L'*opinion* (δόξα) produit immédiat de la *sensation*. Elle dérive de deux sources : la conjecture ou vraisemblance, qui se rapporte aux images sensibles, et la croyance ou foi, qui se rapporte aux objets sensibles réels.

La *connaissance discursive* (διάνοια), qui se rapporte à l'étude des *notions* abstraites, des genres et des lois ; c'est la région des sciences proprement dites, des mathématiques en particulier.

L'*intelligence pure* (νόησις), qui perçoit directement les principes de toutes choses, les *idées,* et au sommet du monde intelligible l'idée du bien. Elle est le principe de la vraie sagesse.

La *dialectique platonicienne* est la méthode qu'il faut suivre pour s'élever de la *connaissance* et de l'*amour* sensibles à la contemplation et à l'amour des idées. Pour arriver à ce but suprême, il faut tout d'abord écarter de l'esprit de l'homme les impressions vaines et les fausses opinions, l'amener au doute, et de là à l'aveu sincère de son ignorance, vrai commencement de la science. La purification de l'esprit se poursuit par l'étude des sciences abstraites, qui l'arrachent aux illusions de la sensation, l'habituent au commerce des choses invisibles et la mettent en face des conceptions purement idéales ; de là ces paroles écrites, dit-on, sur la porte de l'école de Platon : « Nul n'entre ici s'il n'est géomètre. » Toutefois ces sciences ne sont encore que préparatoires; le dernier degré, le

but et le terme de la dialectique tout entière, c'est l'intuition
rationnelle qui nous fait connaître ou plutôt *reconnaître* les
idées, principes de toutes choses.

Après cette ascension dialectique, l'âme ne doit pas rester
oisive, elle doit redescendre des idées aux réalités de ce monde
pour les expliquer et répandre autour d'elle la lumière. Ce
double mouvement de l'âme est admirablement figuré par
l'allégorie de la caverne [1], qui ouvre le VIIe livre de la
République.

---

[1] *Allégorie de la Caverne.* Nous empruntons le résumé de M. Fouillée, en
l'abrégeant :

« Le monde sensible ressemble à une caverne éclairée par un grand feu,
où des prisonniers sont enchaînés, immobiles, tournant le dos à la lumière.
Les objets qui passent derrière ces prisonniers projettent leurs ombres sur
le fond de la caverne, et les prisonniers, qui n'ont jamais vu autre chose
que des ombres, les prennent pour des réalités. Ils apprennent à distinguer
ces ombres, à les reconnaître, à prévoir l'ordre dans lequel elles se sui-
vront ; et ils sont fiers de leur science, qui n'est cependant que la science
des ombres. « C'est là l'image de la condition humaine. L'antre souterrain,
c'est le monde visible ; le feu qui l'éclaire, c'est la lumière du soleil. » Les
ombres sont nos sensations, et la connaissance des ombres est la connaissance sensible.

« Qu'on détache un de ces captifs, poursuit Platon, qu'on le force de se
lever, de tourner la tête, de marcher et de regarder vers la lumière ; il ne
fera tout cela qu'avec des peines infinies ; la lumière lui blessera les yeux, et
l'éblouissement l'empêchera de discerner les objets dont il voyait auparavant
les ombres... Ne se persuadera-t-il pas que ce qu'il voyait auparavant était
plus réel que ce qu'on lui montre ? » Tel est l'homme qui n'est pas encore
habitué à la philosophie, et qui croit les sensations plus réelles que les
pensées.

« Si maintenant on l'arrache de la caverne, » c'est-à-dire du monde sensible, objet de la sensation, « et qu'on le traîne par un sentier rude et
escarpé jusqu'à la clarté du soleil, » c'est-à-dire dans le monde intelligible,
objet de la pensée, « quel supplice pour lui d'être traîné de la sorte ! Lorsqu'il
sera arrivé au grand jour, les yeux tout éblouis de son éclat, il ne s'accou-
tumera que péniblement à voir cette foule d'objets que nous appelons des
êtres réels. Ce qu'il discernerait le plus aisément, ce seraient d'abord les
ombres, ensuite les images des hommes et des autres objets peintes sur la
surface des eaux ; enfin les objets eux-mêmes. De là il porterait ses regards
vers le ciel, dont il soutiendrait plus facilement la vue pendant la nuit qu'en
plein jour. Sans doute, à la fin, il serait en état non seulement de voir l'image
du soleil dans les eaux et partout où elle se réfléchit, mais de le fixer, de le
contempler en lui-même. Il en viendrait facilement à conclure ensuite que
c'est le soleil visible qui est en quelque sorte la cause de tout ce qui se
voyait dans la caverne... »

Devrait-il s'arrêter à cette contemplation du bien ? Non ; mais redescendre
vers ses malheureux compagnons de captivité, demeurer au milieu d'eux
pour les instruire, et travailler à les conduire au vrai bonheur.

Morale et Politique. — Le principe de la *morale* est que l'homme doit tendre au bien absolu. Platon, comme Socrate, affirme que nul n'est méchant volontairement, que la vertu est une science et le vice une ignorance; l'homme agit nécessairement comme il pense.

Platon distingue trois vertus fondamentales correspondant à nos trois facultés : la *sagesse,* qui correspond à la raison; la *force,* qui correspond au cœur, et la *tempérance,* qui correspond à l'appétit.

La *justice* n'est pas une vertu particulière; elle est l'ordre et l'harmonie des autres vertus, qu'elle résume dans son unité. Elle tient d'une part à l'âme, dont elle est à proprement parler la vraie vie, et de l'autre à l'idée du bien, dont elle est la manifestation dans l'homme; elle est donc le rapport de l'âme à l'idée du bien. La justice est pour l'âme la condition du bonheur; l'injustice, au contraire, est pour elle le plus grand des maux, mais l'expiation et la réparation sont possibles par le châtiment.

La sanction de la morale est la vie future, heureuse ou malheureuse selon le mérite de chacun.

La *politique* n'est que la morale étendue à tout un peuple. La cité doit être gouvernée par les *magistrats,* dont la vertu propre est la sagesse; elle est défendue contre les ennemis du dehors ou les séditions intérieures par les *guerriers,* qui doivent avoir le courage; le peuple proprement dit, formé des *laboureurs et des artisans,* doit pratiquer la tempérance, se contenter de travailler et d'obéir.

La justice résulte, dans l'État, du soin des diverses classes à remplir chacune leur fonction propre et de la coopération de toutes à un but unique.

L'unité, telle est la loi dernière des États; mais cette loi rencontre deux obstacles insurmontables dans la propriété, principe d'égoïsme, et la famille, source de jalousie; de là la nécessité de mettre tout en commun les biens, les femmes et les enfants. Cette théorie politique de *la République* subit heureusement quelques modifications dans *les Lois;* mais l'esprit des deux dialogues demeure le même.

Esthétique. — Platon est le premier philosophe qui ait jeté les bases d'une science du beau. Pour lui les beaux-arts doivent toujours se rattacher à l'idée du bien. Il n'admet pas que l'élo-

quence et la poésie s'arrêtent à plaire ; elles doivent avoir un
but moral, tendre au beau idéal. Il faut les bannir de la république, si elles n'ont pour objet que d'exciter des impulsions
légères et fugitives.

Continuation de l'école de Platon.

Ancienne Académie. — Après Platon, les principaux représentants de l'Académie furent : SPEUSIPPE, auquel on a reproché
son avarice, ses emportements et ses mœurs dissolues ; XÉNO-
CRATE, qui eut, dit-on, toutes les qualités de Platon, les grâces
de l'élocution exceptées ; POLÉMON ; CRATÈS ; et CRANTOR le
maître d'Arcésilas. Tous ces philosophes, fidèles ou à peu près
à la doctrine de Platon, forment ce qu'on appelle l'*ancienne*
ou la *première Académie.*

Moyenne Académie. — ARCÉSILAS, né à Pritane, ville éolienne,
vers l'an 315, rendit quelque éclat à l'école de Platon, mais
en changea complètement l'esprit. Les luttes animées qu'il eut
à soutenir contre les stoïciens, dont le dogmatisme tranchant
prétendait tout savoir, l'amenèrent à nier que nous puissions
savoir avec certitude ce que les choses sont en elles-mêmes.
Ni les sens ni l'esprit ne peuvent nous faire connaître la vérité ;
il n'y a point pour l'homme de différence absolue entre le vrai
et le faux ; aussi le sage doit-il s'abstenir de rien affirmer (ἐποχή),
et se réfugier dans la vraisemblance (τὸ πιθανόν) pour en faire la
règle de sa conduite. Cette réforme, ou mieux cette altération
de la doctrine platonicienne, prit le nom de *seconde* ou *moyenne
Académie.*

Le nom de Cicéron se rattache à cette école ; mais en Grèce
elle ne produisit pendant un siècle aucun grand philosophe :
Lacydes, de Cyrène, disciple d'Arcésilas ; *Hégésinus,* de Per-
game, méritent à peine l'honneur d'être cités.

Nouvelle Académie. — CARNÉADE, né à Cyrène vers l'an 215,
nous est représenté par les anciens auteurs comme un dialec-
ticien d'une souplesse merveilleuse ; il fut pour *Chrysippe* ce
qu'Arcésilas avait été pour Zénon, l'attaqua sur tous les points
de sa doctrine, mais surtout sur la question de la célèbre
représentation véridique (φαντασία καταληπτική), principe de
toute certitude pour l'école stoïcienne, et s'efforça de prouver
qu'entre une perception vraie et une perception fausse il n'y

a pas de limite saisissable. Il ne s'écarte pas, du reste, notablement de la doctrine d'Arcésilas, et se contente de porter dans l'analyse de la probabilité, de ses degrés, des signes qui la révèlent, la pénétration et l'ingénieuse subtilité de son esprit. Les modifications apportées par Carnéade au système d'Arcésilas ont souvent reçu le nom de *troisième* ou *nouvelle Académie*.

Quatrième Académie. — PHILON de Larisse, qui florissait un siècle avant notre ère, essaya de faire un retour vers le dogmatisme, et accorda à ses adversaires que la vérité pouvait être perçue; aussi est-il pour quelques auteurs le fondateur d'une *quatrième Académie*.

Cinquième Académie. — Enfin ANTIOCHUS, d'Ascalonie, disciple de Philon, semble vouloir allier le stoïcisme aux doctrines de l'ancienne Académie. Cette tentative impuissante d'éclectisme marque le terme des destinées de l'école fondée par Platon, et reçoit quelquefois le nom de *cinquième Académie*.

II. — École d'Aristote.

Biographie. — ARISTOTE naquit en l'an 384 à Stagire, colonie grecque de Macédoine. Quelque temps après la mort de son père Nicomaque, médecin et ami d'Amyntas II, père de Philippe, il vint à Athènes pour achever son éducation (367). Platon était absent, et faisait à Syracuse son second voyage, qui dura trois ans.

Aristote avait environ vingt ans quand il put suivre les leçons de Platon. Le maître discerna bientôt le mérite de son élève; il l'appelait « le liseur, l'entendement de son école », faisant allusion par là à ses habitudes studieuses et à la supériorité de son intelligence.

Après la mort de Platon (347), Aristote se hâta de quitter Athènes, où les partisans de la Macédoine n'étaient point en faveur; et après avoir épousé la fille qu'Hermias, tyran d'Atarné et son ami, laissait en mourant, il se retira à Mytilène, dans l'île de Lesbos.

En 343, Philippe, roi de Macédoine, l'appela à diriger l'éducation de son fils Alexandre, âgé de treize ans. Il exerça la plus heureuse influence sur son royal élève, et resta près de lui pour l'aider de ses conseils jusqu'en 335. A cette époque, il revint à Athènes, qu'il ne quitta plus pendant treize années.

C'est alors, à l'âge de 49 ans, qu'il ouvrait son école de philosophie. Elle a reçu le nom de *Lycée*, parce que le gymnase où il l'établit était dans le voisinage d'un temple consacré à Apollon lycien (λυκεῖος, destructeur des loups), ou encore d'*école péripatéticienne*, à cause de l'habitude toute personnelle qu'avait le maître d'enseigner en marchant (περιπατεῖν) au lieu de demeurer assis.

Aristote avait tracé un règlement pour ses disciples; des banquets périodiques les réunissaient plusieurs fois dans l'année; tous les dix jours ils élisaient l'un d'entre eux pour veiller comme archonte au maintien du bon ordre. Le maître faisait deux leçons, ou, comme on disait, deux promenades par jour : la leçon du matin, destinée aux disciples les plus avancés, traitait des matières les plus difficiles, c'était l'enseignement *ésotérique ;* la leçon du soir, donnée sous une forme plus littéraire, s'adressait, pour ainsi dire, au vulgaire, et n'abordait que les parties moins ardues de la philosophie, c'était l'enseignement *exotérique.*

Aristote restait toujours en relation avec son ancien élève, devenu le dominateur de la Grèce et de l'Asie. Si l'on en croit Pline, des sommes immenses étaient mises par Alexandre à sa disposition pour ses travaux et la formation de sa bibliothèque, et plusieurs milliers d'hommes, aux gages du roi, étaient occupés à recueillir et à faire parvenir au philosophe les documents les plus précieux pour la composition de ses ouvrages. La conspiration d'Hermolaüs, dans laquelle Alexandre impliqua le neveu d'Aristote, Callisthène, dont la rude franchise l'avait blessé, refroidit ces rapports sans les rompre entièrement. Après la mort d'Alexandre (323), Aristote, odieux aux ennemis de la domination macédonienne, se retira à Chalcis pour épargner aux Athéniens « un second attentat contre la philosophie », et y mourut peu après (322).

Ouvrages. — Les premiers commentateurs d'Aristote ont donné beaucoup de soin à la classification de ses ouvrages. Ils distinguaient, sous le rapport de la rédaction plus ou moins parfaite, les *simples documents* (ὑπομνηματικά) des *ouvrages complètement achevés* (συνταγματικά); et parmi ceux-ci les *ouvrages ésotériques* des *ouvrages exotériques.* Tous ceux qui nous restent appartiennent à l'enseignement ésotérique, et sont sous forme didactique ; les ouvrages exotériques étaient sous forme de dialogues, comme le rapporte Cicéron.

D'après la matière dont ils traitent, les ouvrages d'Aristote que nous possédons sont assez naturellement distribués en trois groupes : *ouvrages organiques, ouvrages théorétiques* et *ouvrages pratiques.* Leur simple énumération suffira pour nous faire apprécier l'universalité prodigieuse de ce génie.

1º *Ouvrages organiques.* — Les *Catégories* ou des Termes ; l'*Hermeneïa* ou des Propositions ; les *premiers Analytiques* ou du Syllogisme (deux livres) ; les *derniers Analytiques* ou de la Démonstration (deux livres) ; les *Topiques* et les *Réfutations des sophistes.*

La collection de ces six traités est ce qu'on nomme *Organon,* nom qui n'appartient pas plus à l'auteur que celui de *Logique,* et qui vient des commentateurs grecs.

2º *Ouvrages théorétiques.* — Ils comprennent les ouvrages relatifs à la *nature,* à l'*âme* et aux *principes premiers.*

(a) Les ouvrages de physique, ou relatifs à la nature, sont très nombreux ; citons : la *Physique,* le *Traité du Ciel,* la *Météorologie,* l'*Histoire des animaux,* la *Mécanique,* les *Lignes insécables,* etc. etc.

(b) Il faut rapprocher des ouvrages de physique dans l'esprit d'Aristote : le *Traité de l'âme,* et une série de petits traités appelés par les scolastiques *Parva naturalia : de la Sensation, de la Mémoire, du Sommeil et de la Veille, de la Jeunesse et de la Vieillesse, de la Vie et de la Mort,* etc.

(c) Les traités relatifs aux premiers principes et aux premières causes, à l'être en général, à Dieu et aux autres êtres supérieurs à l'homme, etc., constituent la *Philosophie première.* Aristote, ou plus probablement son successeur immédiat, Théophraste, désigna ces ouvrages, qui n'avaient point de titre particulier, par l'inscription τὰ μετὰ τὰ φυσικά, de là le nom de *métaphysique,* sous lequel on désigne cette collection.

3º *Ouvrages pratiques.* — Ils comprennent : la *Morale à Nicomaque,* le fragment sur les *Vertus et les vices,* la *Politique,* l'*Économique.* — Il faut y rattacher encore la *Rhétorique* et la *Poétique.*

Tous ces ouvrages ne forment au plus que le tiers de ceux qu'avait composés Aristote ; parmi ceux qui sont perdus, il faut citer au moins le *Recueil des constitutions*, dont Aristote lui-même fait mention dans la *Morale à Nicomaque*, et qui contenait l'analyse des institutions de plus de deux cent cinquante États.

« Un style austère, sans autre ornement que la pensée même qu'il revêt, une concision et une rigueur faites pour exciter le zèle et la sagacité des élèves : tels sont les mérites secondaires de ces traités. » (Barth. Saint-Hilaire.)

DOCTRINE D'ARISTOTE

La doctrine d'Aristote repose tout entière sur la *théorie de l'être ;* nous l'exposerons d'abord, nous ferons connaître ensuite ses enseignements sur *Dieu* et sur *l'homme*.

Théorie de l'être. — L'être véritable est celui qui subsiste en soi, il importe de déterminer ses *causes* et ses *diverses espèces :*

1º *Des causes des êtres.* — Aristote admet que tout être particulier est le résultat de quatre causes distinctes, qui l'expliquent complètement. Il fonde cette théorie non seulement sur la raison, mais sur l'examen approfondi des doctrines de ses prédécesseurs, qui ont tous admis l'une ou l'autre de ces causes, et ne se sont trompés qu'en en rejetant une ou plusieurs.

(a) La *matière* (τὸ ὑποκείμενον, ὕλη), c'est ce dont une chose est faite, c'est ce qui reste d'un objet quand, par la pensée, on en a détaché tout ce qui lui donne un caractère déterminé. Ex. : l'airain dont on fait une statue. La matière d'une chose n'est pas encore cette chose, elle n'est cette chose qu'en *puissance*.

(b) La *forme* (τὸ τι ἦν εἶναι), c'est ce qui caractérise un objet, l'ensemble des qualités qui constituent sa nature. Ex. : ce qui fait qu'une masse d'airain est une statue d'Apollon, c'est sa forme. Quand la matière reçoit une forme, elle passe de la puissance à *l'acte*. Ni la matière ni la forme séparées l'une de l'autre n'ont d'existence ; leur réunion constitue la réalité.

(c) La *cause efficiente* (ἀρχὴ τῆς κινήσεως), c'est le principe qui donne une forme à la matière, ce qui la fait passer de la puissance à l'acte. Ex. : la cause efficiente d'une statue, c'est le sculpteur.

(d) La *cause finale* (τὸ οὗ ἕνεκα, τὸ ἀγαθόν), c'est la fin ou le

but auquel tend la cause efficiente dans son action. Ex. : faire
une statue, tel est le but du sculpteur.

2° *Des diverses espèces d'êtres.* — La nature semble conçue
par Aristote comme un principe actif qui tend à la perfection
et pénètre intimement la matière ; elle renferme diverses espèces
d'êtres :

(a) *Les corps bruts,* formés des quatre éléments : le chaud
et le froid, le sec et l'humide : les premiers, principes actifs,
jouant le rôle de forme, et les seconds celui de matière ;

(b) *Les végétaux,* qui ont l'existence comme les corps bruts,
mais possèdent en outre une âme végétative, principe de
nutrition et de reproduction ;

(c) *Les animaux,* qui possèdent, outre l'âme végétative des
plantes, une âme sensitive, principe de sensibilité, et une âme
motrice, principe de locomotion.

Chaque être résume ainsi en lui la perfection des êtres inférieurs, et les diverses espèces constituent un ensemble harmonieux, où les formes de l'existence s'élèvent par degrés
insensibles et continus jusqu'à l'homme, cause finale de tous
les mouvements inférieurs, dans lequel la nature se résume et
s'achève.

Étude de Dieu. — Dieu est un être personnel, intelligent,
immatériel ; il est parfait, et dès lors il n'a point, comme les
êtres imparfaits, à passer de la puissance à l'acte ; il est toujours réalisé tout entier, toujours en acte, acte pur. Il se pense
lui-même, c'est sa félicité suprême ; mais il ignore le monde
et ses imperfections, « car il y a des choses qu'il vaut mieux
ne pas savoir. »

Il est cependant le moteur du monde, mais uniquement
à titre de cause finale, par une sorte d'attraction semblable
à celle qu'exerce l'objet désiré sur celui qui le désire.

Créateur ou plutôt architecte sans le savoir ni le vouloir, ce
Dieu met simplement du *désir* dans la nature ; l'ordre résulte,
non pas d'une action providentielle, — elle est impossible, —
mais de l'irrésistible attrait qui pousse la nature à s'orienter
vers le premier des êtres.

Aristote démontre l'existence de ce premier être par le fait
du mouvement et la nécessité d'un premier moteur.

Étude de l'homme. — L'homme est un tout naturel dont
le corps est la matière et dont l'âme est la forme.

Psychologie. — Cette âme (ψυχή) est spirituelle, distincte, mais non séparable du corps organisé dont elle fait la vie propre, dont elle est le bien, la perfection, l'entéléchie (ἐντελέχεια). L'âme humaine comprend les trois puissances de l'âme des animaux, mais de plus la *raison ;* elle a conscience d'elle-même, elle se pense ; en cela elle ressemble à Dieu.

La *raison* ou l'intelligence offre en nous deux modes distincts : elle est *passive,* en tant qu'elle reçoit les formes des choses ; *active,* en tant qu'elle réagit sur ces formes. — L'intelligence a, comme la faculté sensitive, un appétit qui lui correspond, c'est la *volonté ;* celle-ci porte l'homme au bien comme à sa fin, tout en lui laissant le libre choix des moyens.

A la mort, les puissances inférieures de l'âme périssent avec le corps ; quant à l'intelligence, Aristote semble admettre qu'elle est impérissable et qu'elle survit, au moins comme participation à la pensée pure ; mais c'est une immortalité sans conscience ni mémoire.

Logique. — Aristote, on peut le dire avec Kant, a fixé la logique ; après lui « elle n'a fait ni un pas en avant ni un pas en arrière ». Faisons connaître sommairement ses théories de la *connaissance* et du *raisonnement.*

(a) *Théorie de la connaissance.* — Aristote rejette la théorie platonicienne des idées séparées des choses, mais distingue avec le plus grand soin l'*expérience* et la *science ;* il n'est pas, ou du moins ne veut pas être sensualiste, et prétend tenir un milieu entre ces deux doctrines.

L'âme a la faculté sensitive ; mais, en l'absence de tout objet extérieur, cette faculté n'est qu'en puissance. Mue par un objet du dehors, elle passe à l'acte ; de là l'image ou la représentation d'une chose particulière. Cette image est fixée par le souvenir, et de la répétition fréquente du souvenir se forme l'*expérience.*

Cette expérience est la condition de la *science,* mais n'est pas la science, car la science a pour caractère propre de connaître le général. Les images reçues dans cette faculté de l'âme, qu'Aristote appelle *intellect passif,* sont la matière des idées ; mais ces idées n'y sont encore qu'à l'état de puissance ; la puissance passera à l'acte quand l'*intellect actif* viendra éclairer l'intellect passif, le féconder et abstraire l'universel. Quant à l'intellect actif, il est mû par l'intelligible même ou la raison divine.

(b) *Théorie du raisonnement.* — L'instrument universel au
moyen duquel toute science procède, c'est le *raisonnement,*
qui est de deux sortes : déductif, quand on va du général au
particulier; inductif, quand on réunit tous les cas particuliers
pour en former un principe général. Aristote insiste sur le raisonnement déductif et donne successivement la théorie des
termes, des *propositions* et du *syllogisme.*

Les *termes* se ramènent à deux classes : les *catégories* ou
prédicaments, et les *catégorèmes* ou prédicables. — Les catégories sont divers groupes auxquels on ramène toutes les idées
générales; on en compte dix : la substance, la quantité, la
qualité, la relation, l'action, la passion, le temps, le lieu, la si-
tuation et la possession. — Les catégorèmes ne sont que les
diverses manières dont les catégories peuvent être affirmées
de quelque objet; il y en a cinq, qu'on a désignés plus tard
sous le nom d'universaux : le genre, l'espèce, la différence,
le propre et l'accident.

L'enseignement d'Aristote sur les *propositions* et le *syllogisme* est conservé dans les logiques modernes; inutile de nous
y arrêter.

Morale. — Aristote ne poursuit pas le bien en soi de Platon,
mais seulement le bien de l'homme ou son bonheur. Or le bien
d'un être est dans son acte, et l'acte propre de l'homme c'est
l'activité raisonnable; d'où il résulte que la perfection et le
bonheur de l'homme consistent à agir selon les prescriptions
de la raison, et par suite à modérer ses désirs.

La vertu, qui est l'habitude de bien agir, consiste dans un
juste milieu (ἐν μεσότητι ἡ ἀρετή) entre deux excès opposés. Quel
est le vrai milieu? On ne peut le définir, car toute moyenne
est variable; aussi Aristote lui-même essaye-t-il de ramener
ce principe à un principe supérieur, la droite raison. Mais
sa morale reste essentiellement vicieuse; car, indépendante de
Dieu, elle demeure sans fondement et sans sanction.

Aristote distingue les vertus *intellectuelles* et les vertus *morales :* les premières comprennent la prudence, la science, la
sagesse; les secondes se subdivisent en deux groupes : les
vertus *individuelles* (courage, tempérance, libéralité...), et les
vertus *sociales* (justice et amitié). La *justice* est commutatrice
ou distributive; c'est la reine des vertus, elle est « plus belle
que l'étoile du soir et que l'astre du matin ». L'*amitié* est une

bienveillance réciproque et réciproquement connue, mais
« elle semble consister plutôt à aimer qu'à être aimé ».

Politique. — L'homme est né pour la société; la politique a
pour but le bien de l'État, qui repose sur le principe de l'*égalité* et de la *liberté;* en d'autres termes, sur l'observation de la
justice et la garantie des droits de chacun. La meilleure forme
de gouvernement est un moyen terme entre les extrémités
passionnées de l'oligarchie et de la démagogie.

Économique. — La famille est la base de la société, mais elle
est distincte de l'État; son principe est l'*autorité;* la propriété
est un de ses fondements. A côté de ces principes élevés,
opposés au communisme de Platon, Aristote formule des
maximes utilitaires, et établit la ligitimité de l'esclavage, qu'il
considère comme naturel.

Esthétique. — Pour Aristote, le beau consiste dans la *grandeur* et dans l'*ordre,* et les beaux-arts ont pour but de conduire
l'homme au bien par le beau.

Telle est, dans son ensemble, cette doctrine d'Aristote qui a
exercé une influence si considérable dans tous les siècles, spécialement au moyen âge. « Si quelqu'un, a-t-on dit, a mérité
d'être appelé l'instituteur du genre humain, c'est Aristote. »

Aristote et Platon. — Il est facile de voir combien ces deux
génies diffèrent : « Platon part des idées pour s'élever jusqu'à
leur source. Aristote s'applique à les suivre dans la réalité;
l'un s'attache au général, l'autre au particulier; le premier
semble aspirer à sortir du monde, le second s'y enfonce;
Platon a des ailes pour s'envoler au-dessus de la terre, Aristote
a les pieds de plomb que Bacon demande pour y tracer un
profond sillon; Platon est le génie de l'abstraction, Aristote
celui de la classification; le premier a plus d'élévation, le
second plus d'étendue. Platon triomphe dans la dialectique, il
est essentiellement réfutatif; Aristote est surtout logicien, il ne
réfute pas tant, il démontre. Platon se sert davantage de l'induction, Aristote de la déduction, dont il a perfectionné l'instrument. Autant la majesté et la grâce dominent dans le style
de Platon, autant la rigueur et la précision distinguent celui
d'Aristote. Aristote aboutit quelquefois à une subtilité excessive, et réduit tout méthodiquement en une poussière imper-
ceptible; tandis que Platon, alors même qu'il s'égare dans les
cieux est toujours entouré de brillants nuages. » (Cousin.)

Continuation de l'école d'Aristote.

Disciples. — Les disciples immédiats d'Aristote inclinèrent de plus en plus vers l'empirisme matérialiste; citons les principaux :

THÉOPHRASTE (370-282), originaire de Lesbos, est surtout connu par son livre des *Caractères*. En philosophie, il exagère l'importance du corps dans l'homme.

DICÉARQUE, de Messine, et ARISTOXÈNE, de Tarente, vont plus loin encore et réduisent l'âme à n'être qu'un son, un accord, un résultat des formes et des fonctions du corps.

STRATON, de Lampsaque (300-260), disciple et successeur de Théophraste, rejette la métaphysique pour s'occuper à peu près uniquement des phénomènes physiques, dont le seul principe est pour lui la force inconsciente de la nature. La nature est la raison dernière de la vie divine elle-même; il nie par conséquent les causes finales; c'est le *matérialisme* et l'*athéisme*.

LYCON, de Laodicée, succéda à Straton comme chef de l'école péripatéticienne; il s'occupa surtout de *morale*. Nous savons qu'il plaçait le souverain bien dans le vrai plaisir de l'âme; mais en quoi consistait ce plaisir? Nous l'ignorons complètement. HIÉRONYME de Rhodes, CRITOLAÜS de Lydie, DIODORE de Tyr, suivirent la même tendance; ils n'offrent rien de remarquable.

Ce fut Sylla qui apporta les ouvrages d'Aristote à Rome, après la prise d'Athènes; ANDRONICUS, de Rhodes, commence à les expliquer pour la première fois vers l'an 50 avant Jésus-Christ; mais ce n'est guère qu'à partir de l'ère chrétienne que l'enseignement du Lycée prend un nouvel éclat.

Commentateurs. — Les deux plus célèbres commentateurs d'Aristote en dehors des scolastiques sont : ALEXANDRE, d'Aphrodise, qui florissait à la fin du second siècle de notre ère, et l'Arabe AVERRHOÈS, né à Cordoue, dans le premier quart du XIIe siècle. Le premier est plus exact; le second modifie la doctrine du philosophe grec par certaines théories néoplatoniciennes et tend au panthéisme.

III. — École de Pyrrhon ou école sceptique.

L'école sceptique (σκέπτομαι, j'examine) fait profession de douter de tout; d'après elle, l'esprit humain est condamné à chercher toujours la vérité sans la trouver jamais.

Trois noms célèbres représentent cette école : Pyrrhon, qui a donné son nom au système, le *pyrrhonisme*, Ænésidème et Sextus Empiricus.

Pyrrhon. — Pyrrhon naquit à Élis vers l'an 380; il suivit Alexandre le Grand dans son expédition en Asie, et à son retour fut entouré de l'estime de ses concitoyens. C'est tout ce que l'on sait de certain sur sa vie; il mourut vers l'an 300. Il commença ses études philosophiques par la lecture de Démocrite, s'attacha ensuite à l'école de Mégare et à celle des sophistes.

Doctrine. — Nous ne pouvons point connaître la nature intime, les propriétés réelles des choses; en face des raisons opposées qui se présentent (ἀντίθεσι; τῶν λόγων), le sage n'affirme rien, ne dit rien. « Pas plus une chose qu'une autre, οὐδὲν μᾶλλον, » telle est sa maxime.

Cette suspension de tout jugement (ἐποχή) n'est pas seulement une règle spéculative, mais encore un principe pratique; car, en préservant de la contradiction, elle donne à l'âme l'impassibilité, la sérénité (ἀπάθεια, ἀταραξία).

Pyrrhon admet l'apparence (τὸ φαινόμενον), mais en elle-même cette apparence est-elle quelque chose? Pyrrhon ne le nie pas, mais ne l'affirme pas; il n'en sait rien.

Nous n'exposerons pas les dix *arguments en faveur du scepticisme*, que Plutarque attribue à Pyrrhon, et d'autres auteurs à *Timon*, son disciple. Ils se rapportent à trois chefs principaux : au sujet de la connaissance, à l'objet de la connaissance, ou au rapport du sujet à l'objet. Ils peuvent même se réduire à cette assertion, que tout est relatif.

Vers le commencement de l'ère chrétienne, un médecin sceptique, *Agrippa*, avait tenté de coordonner tous les arguments de son école, et les avait réduits à cinq : la discordance des opinions, l'absence de principe premier, la relativité des perceptions et des sensations, le caractère hypothétique des systèmes, le cercle vicieux inévitable dans toute démonstration.

Ænésidème. — ÆNÉSIDÈME, originaire de Gnosse, en Crète, a été regardé par plusieurs auteurs comme contemporain de Cicéron; il vécut probablement au 1ᵉʳ siècle de l'ère chrétienne. Nous ne savons rien de sa vie, et c'est à peine si quelques fragments de ses ouvrages sont venus jusqu'à nous.

Il reprit le scepticisme de Pyrrhon et attaqua principalement l'idée de causalité, qu'il réduit à n'être qu'une condition, un phénomène de l'intelligence. Il est le prédécesseur logique de David Hume et de Kant au XVIIIᵉ siècle.

Sextus. — SEXTUS, médecin de l'école empirique, d'où lui est venu le nom d'*Empiricus*, est de la fin du IIᵉ siècle de l'ère chrétienne. Il naquit probablement en Grèce et vécut à Tarse, patrie de son maître Hérodote. Nous avons de lui deux grands ouvrages, les *Hypotyposes pyrrhoniennes*, en trois livres, et un *Traité contre les mathématiciens* ou les dogmatiques, en onze livres. Ce second ouvrage n'est guère que le développement du premier.

Dans les *Hypotyposes pyrrhoniennes*, Sextus établit d'abord le caractère distinctif du scepticisme, expose ses arguments les plus généraux; puis, adoptant la division de la philosophie en logique, physique et morale, il consacre la deuxième et troisième partie de son ouvrage à démontrer successivement que toutes ces sciences reposent sur des fondements ruineux.

Sextus est le grand historien du scepticisme; ses ouvrages sont le meilleur arsenal de nos sceptiques modernes. Personnellement il semble avoir voulu mettre à l'abri du doute les principes de morale.

IV. — École d'Épicure.

Le monde grec fut vivement ébranlé par les événements qui suivirent la mort d'Alexandre. Incapable de goûter alors Aristote et Platon, la société démoralisée courut entendre un philosophe qui ne parlait que de plaisir et de bonheur. Il se nommait Épicure; sa vie et sa doctrine doivent nous arrêter un instant.

Biographie. — ÉPICURE naquit probablement à Athènes d'une famille riche en 341; mais ses parents, tombés dans l'indigence, furent réduits à partir pour Samos parmi les colons que les Athéniens y envoyaient. Épicure commença à philosopher vers l'âge de douze à quatorze ans [1]; il lut les ouvrages d'Anaxagore, de Démocrite surtout, dont il admirait la physique, et écouta successivement les disciples de Platon et de Pythagore. Vers l'âge de trente-six ans, après une jeunesse assez agitée et de nombreux voyages, il vint se fixer à Athènes et ouvrit au milieu des jardins une école où se pressaient de nombreux disciples vivant en commun, et unis entre eux par les liens d'une amitié restée célèbre.

D'une nature douce, flexible et égale, « ce héros déguisé en femme, » comme l'appelle Sénèque, supporta avec courage, et en se vantant d'un parfait bonheur, une maladie cruelle qui entraîna sa mort (270).

Ouvrages. — Diogène Laërce porte jusqu'à trois cents le nombre des ouvrages composés par Épicure ; ils sont perdus, à l'exception de quatre lettres, de quelques fragments, et d'une partie de son *Traité de la nature,* découvert à Herculanum en 1818. Le style manque d'élégance et de correction.

DOCTRINE D'ÉPICURE

La philosophie d'Épicure est une *philosophie pratique et morale ;* elle a pour but de conduire l'homme au bonheur. Le grand obstacle qui nous empêche d'atteindre cette fin, c'est une double ignorance : *l'ignorance des lois du monde extérieur,* qui donne naissance à des craintes superstitieuses, vaines, et à de fausses espérances ; *l'ignorance de nos propres facultés,* de leurs lois, de leurs limites, qui nous empêche de bien régler nos actions. Affranchir l'homme de cette double ignorance, tel est le but de la *Canonique* et de la *Physique,* qui servent d'introduction à la *Morale.*

Canonique. — La canonique se rapporte aux *sensations,* (αἴσθησις) aux *anticipations* (πρόληψις) et aux *passions* (πάθη).

Sensation. — Le principe de toute connaissance est dans la *sensation* que produisent en nous les effluves matériels qui s'échappent des corps. La sensation est infaillible par elle-

---

[1] On raconte qu'à l'âge de quatorze ans, entendant son professeur de grammaire lire ces mots d'Hésiode : « À l'origine naquit le chaos, » il l'interrompit brusquement et s'écria : « Et le chaos, d'où naquit-il ? »

même, car elle ne peut être contrôlée, ni par une sensation de même nature, leur autorité réciproque étant égale ; ni par une sensation de nature différente, tout terme de comparaison manquant ; ni enfin par la raison, dont la nature est purement subjective.

Anticipation. — De la sensation nous tirons les *anticipations*, principe de tout raisonnement, et sur la nature desquelles, dit Cousin, on dispute encore. Ces anticipations ne sont autre chose, semble-t-il, que des généralisations de l'expérience sensible, formées à l'aide du souvenir, et qui nous permettent d'anticiper sur les expériences futures. Elles sont sujettes à l'erreur.

Les passions. — Le contrôle des anticipations se fait par les *passions*, ou impressions de l'âme, seules juges en dernier ressort de ce que nous devons accepter ou rejeter.

Cette doctrine est résumée en douze règles ou *canons*, dont quatre se rapportent à la sensation, quatre aux anticipations et quatre aux passions.

Physique. — Pour expliquer le *monde*, Épicure emprunte à Démocrite sa théorie du *vide* et des atomes. Ceux-ci sont étendus, pesants, infinis en nombre, et en mouvement de toute éternité ; il les suppose en outre doués d'une propriété de déclinaison qui leur permet de modifier spontanément leur direction première, et par conséquent de se rencontrer, de s'unir et de former des composés dont plusieurs sont harmonieux et stables. Ce *clinamen* ou pouvoir de déclinaison est la substitution du hasard à la nécessité.

L'*âme* n'est pour Épicure, comme pour Démocrite, qu'un corps composé d'atomes ronds et subtils ; elle est douée, sous le nom de liberté, d'un pouvoir de déclinaison analogue à celui de l'atome, et peut ainsi se soustraire au tumulte extérieur pour goûter la paix. Elle n'a point l'immortalité.

Pour rendre compte de la croyance universelle des hommes, Épicure semble aussi admettre des *dieux* d'une nature supérieure à la nôtre, mais ayant la forme humaine ; ils sont éternels, souverainement heureux, dans une indifférence absolue, sans relation avec le monde. Le culte que nous leur rendons est juste, mais parfaitement inutile.

Morale. — La morale d'Épicure découle de sa logique. La sensation agréable est le souverain bien ; tout être, en effet, cherche naturellement le plaisir, comme il apparaît par l'exemple des animaux ; aussi toute la morale se résume-t-elle dans cette maxime : *Voluptas expetenda, dolor fugiendus.*

Mais tous les plaisirs, égaux en dignité, n'ont ni la même vivacité, ni la même durée, ni les mêmes conséquences ; il y a un choix à faire. Épicure distingue, avec l'école cyrénaïque, le plaisir mobile (ἡδονὴ ἐν κινήσει), dont la jouissance est courte et inquiète, les conséquences souvent amères, et le plaisir *stable* (ἡδονὴ καταστηματική), plus profond et plus doux, qui consiste dans le parfait repos, la tranquillité absolue, l'*ataraxie*, et constitue le vrai bonheur. C'est ce dernier qu'on doit préférer et choisir.

L'homme sage arrivera à ce parfait bonheur par la pratique des grandes vertus morales : la *prudence,* qui lui fera calculer habilement s'il vaut mieux, pour éviter tout sujet de trouble, renoncer aux affaires publiques, aux affections de famille, aux richesses ou, au contraire, courtiser les grands, aspirer aux honneurs, rechercher la fortune, se ménager des amis ; — la *force,* qui l'aidera à se dégager, toujours pour un motif intéressé, des vaines superstitions et des craintes chimériques ; — la *justice,* qui le portera à respecter dans son intérêt les lois et le pacte social ; — la *tempérance,* qui lui apprendra à ménager au mieux sa santé et ses forces, à modérer ses désirs pour ne point avoir à souffrir des privations inévitables et ne pas manquer un jour du nécessaire. Nos désirs étant de trois sortes : naturels et nécessaires (faim), naturels et non nécessaires (bonne chère), et factices (liqueurs fortes), le sage abolira les derniers, contiendra les seconds et se bornera à satisfaire les premiers.

Épicure, dit-on, évita tous les excès auxquels devait conduire le principe du plaisir, et « ne dépensait pas un as par jour pour son ordinaire ». (Sénèque.) Si cela est vrai, il valait mieux que sa philosophie.

Continuation de l'école d'Épicure.

La plupart des nombreux disciples d'Épicure ne prirent de sa philosophie que la théorie du plaisir, et méritèrent par la licence de leur vie d'être comparés aux plus vils animaux. Cicéron ne veut pas qu'on les mette au rang des philosophes. Aucun ne mérite de nous arrêter ; citons seulement : *Herma-*

chus de Milet, qui succéda à Épicure; *Métrodore*, l'ami le plus
intime d'Épicure, qui, « moins avancé que son maître, dépensait un as tout entier par jour; » *Apollodore*, surnommé le Roi
du jardin, et auquel on attribue plus de quatre cents ouvrages
dont il ne nous est rien resté; *Colotès,* contre lequel Plutarque
a écrit un de ses traités.

Lucien de Samosate, l'auteur du *Dialogue des morts*, et
Celse, le célèbre adversaire du christianisme, qui occupent
le second siècle de l'ère chrétienne, se rattachent probablement
à la secte épicurienne.

Lucrèce représente l'épicurisme à Rome.

V. — École de Zénon.

Biographie. — ZÉNON naquit à Cittium, dans l'île de Chypre,
vers l'an 340 (quelques auteurs disent 362), d'un marchand
appelé Mnasée. A l'âge de vingt-deux ans, ayant perdu sa fortune dans un naufrage, il renonça au négoce pour se livrer à
la philosophie. Il suivit d'abord les leçons de Cratès le cynique,
le quitta pour s'attacher à Stilpon, de l'école de Mégare, puis
aux académiciens Xénocrate et Polémon. Ce fut après avoir
étudié vingt ans sous ces différents maîtres qu'il fonda lui-
même l'école dite *stoïcienne* ou du *Portique*, parce qu'il
donnait ses leçons sous un portique (στοά) nommé Pœcile, l'un
des plus beaux d'Athènes. Il parvint à un âge assez avancé,
et mourut après Épicure, vers 260.

Bien qu'il exigeât une obole de chaque auditeur, il eut de
nombreux disciples, tous fervents admirateurs, que ne rebutaient ni sa parole froide, concise et obscure, ni sa vie dure
et austère. Sa réputation était si grande, que Ptolémée Philadelphe chargeait ses ambassadeurs de recueillir ses leçons.
Patriote sincère, il reçut de son vivant, en dépôt, les clefs de
la citadelle; à sa mort les Athéniens déclarèrent qu'il avait
bien mérité de la patrie, lui élevèrent un tombeau dans le Céramique et lui décernèrent une couronne d'or.

Ouvrages. — On attribue à Zénon plusieurs ouvrages : un
traité de la *République*, un traité des *Passions*, un traité de la
Nature humaine, un traité des *Devoirs*, un traité de l'*Univers*,
des leçons de *poésie* et de *dialectique*. Aucun de ces ouvrages
ne nous est parvenu.

DOCTRINE DE ZÉNON

Comme l'épicurisme, le stoïcisme est une philosophie essentiellement *pratique* et *morale*, mais sans unité ni originalité. Au dire de Cicéron, Zénon est *non tam rerum inventor, quam novorum verborum*. Ses idées sont pour la plupart empruntées à l'école cynique; le succès qu'elles obtinrent vient du contrepoids qu'elles apportaient aux théories relâchées d'Épicure.

Nous parlerons successivement de la *logique,* de la *physiologie* et de la *morale,* qui sont les diverses parties de la philosophie de Zénon.

Logique. — L'objet sensible agit sur l'âme et y laisse une *représentation* ou image de lui-même (φαντασία); cette représentation, analogue à l'empreinte du cachet sur la cire, produit le souvenir, et de plusieurs souvenirs vient l'expérience. Jusque-là l'âme est passive, mais la sensation ou représentation sensible n'est pas l'unique principe de la connaissance.

La raison, force active et gouvernante (τὸ ἡγεμονικόν), s'empare des images reçues, les transforme, et, discernant les *représentations véridiques* de celles qui sont douteuses ou fausses, elle en tire « le *jugement,* synthèse des sensations; au-dessus du jugement la *représentation compréhensive* (φαντασία καταληπτική), synthèse des jugements; au-dessus de tout, la *science,* synthèse universelle et définitive ».

Zénon exprimait cette théorie par un symbole : La main ouverte est l'image de la sensation; les doigts recourbés représentent le jugement; la main fermée figure la compréhension; la main fermée et fortement serrée par l'autre main rappelle la science.

C'est à son école qu'appartient l'axiome célèbre : *Nihil est in intellectu quod non prius fuerit in sensu.* Il fut adopté plus tard par les épicuriens et les péripatéticiens.

Physiologie. — Rien n'existe que les corps. Mais toutes les choses corporelles sont formées de deux éléments essentiellement distincts : l'un passif, c'est la matière première, indéterminée (ὕλη πρώτη); l'autre, actif, est une force douée d'intelligence qui pénètre la matière jusque dans les moindres parties, la meut, l'organise et y dépose les raisons primitives et séminales des choses (*mens agitat molem*). Ces deux principes, distincts par la pensée, sont inséparables et ne forment qu'un seul tout, le *monde*, être vivant et divin, dans lequel tout est soumis aux lois immuables de la raison divine.

Le *Dieu* des stoïciens n'est que l'âme du monde dont l'emblème est le feu ; c'est un être intelligent, raisonnable, provident, moteur et ordonnateur de l'univers ; mais, chose singulière, il n'a ni personnalité ni liberté : c'est un germe qui se développe, une nécessité fatale qui évolue.

Chaque *âme*, indissolublement unie à la matière et destinée à périr avec elle, est une émanation de la force divine ; les âmes des sages, les dieux en sont des émanations plus parfaites ; mais seule la nature universelle la possède dans sa plénitude, aussi est-ce à la nature seule qu'appartient la plénitude de la raison.

Morale. — *Principe fondamental.* Le plaisir n'est pas le bien, dit Zénon, car tout être tend au bien, et tout être ne peut pas goûter le plaisir. « Vis conformément à la nature, » telle est la grande maxime du stoïcisme, et qu'il s'agisse de la nature universelle ou de la nature humaine en particulier, comme la raison est le principe essentiel de toutes choses, cette maxime est identique à celle-ci : « Vis conformément à la raison, » c'est-à-dire tâche de mettre dans ta vie l'unité, l'ordre, l'harmonie qui règnent dans la nature.

Cette maxime a été interprétée diversement par deux sectes principales : « l'une, qui pensait que la fin du tout ne doit être qu'accessoire dans la vie de l'individu ; l'autre, qui pensait, au contraire, que la fin de l'individu était peu de chose et qu'il devait se sacrifier lui-même à la fin du tout, toutes les fois que ce sacrifice était nécessaire. » (Jouffroy.)

Paradoxes stoïciens. — De leur fière maxime la plupart des stoïciens faisaient découler des conséquences paradoxales qu'il importe de signaler :

(a) Toutes les actions conformes à la raison ont ce la de commun, qu'elles y sont conformes ; donc toutes les bonnes actions, toutes les vertus sont égales. Les actions opposées à la raison ont cela de commun, qu'elles y sont opposées ; donc tous les actes mauvais, tous les vices sont égaux.

(b). Indifférentes au point de vue de la raison, la volupté et la douleur, les richesses et la pauvreté, la santé et la maladie ne sont ni des biens ni des maux pour le sage. Au milieu de ces alternatives celui-ci vit heureux ; il ne relève que de soi, n'a besoin de personne et peut s'écrier : « Douleur, tu n'es qu'un mot ! »

(c) Bien plus, le sage vivant conformément à la raison possède le souverain bien, et par conséquent le souverain bonheur; si donc dans le bonheur on comprend la liberté, la richesse, la santé, il faut dire, quel que soit son état extérieur, qu'il est libre, qu'il est riche, qu'il est bien portant.

Morale pratique. — Pour arriver à faire dominer en soi la raison, et conquérir le souverain bonheur, l'homme à qui la vertu ne donne point l'insensibilité doit lutter contre ses passions, travailler non pas seulement à les modérer, mais à les déraciner; de là cette maxime : Ἀνέχου καὶ ἀπέχου. Ἀνέχου, supporte, c'est-à-dire raidis ton âme, ne laisse pas accès aux chagrins qui naissent de la lutte amère contre les passions, supporte tous les maux qui peuvent fondre sur toi. Ἀπέχου, abstiens-toi, c'est-à-dire ne répands pas ta force au dehors, vis en toi-même fier et recueilli, écarte tout ce qui peut nuire à ta liberté, les affections de famille comme les agitations de la vie publique.

Pour le sage, la liberté est si précieuse, que pour la conserver et échapper aux servitudes de la vie il peut recourir au suicide.

Telle est la morale stoïcienne; bien qu'elle manque de sanction, elle a pu fortifier quelques âmes à une époque de décadence et d'oppression ; mais elle se réduit à « un égoïsme sublime », et n'a rien de la morale chrétienne, puisqu'elle méconnaît la charité.

Continuation de l'école de Zénon.

A la mort de Zénon, CLÉANTHE (300) fut placé, comme le plus digne de ses disciples, à la tête du Portique. Il avait d'abord suivi les leçons de Cratès le cynique, puis il s'était attaché à Zénon, qui lui avait appris à mépriser toutes les injures.

Il ne nous reste que des fragments détachés de ses ouvrages: le plus curieux est celui de son *Hymne à Jupiter*, dans lequel il célèbre en termes magnifiques une sorte de Providence et semble admettre l'immortalité de l'âme.

CHRYSIPPE, de Tarse (280), lui succéda dans la direction du Portique, dont il peut être regardé comme le second fondateur. « Sans Chrysippe, disait-on, le Portique n'aurait pas existé. »

Travaillleur infatigable et habile logicien, il défendit avec énergie les principes stoïciens, et spécialement la certitude de nos connaissances, contre le scepticisme d'Arcésilas et de la moyenne Académie. Il compléta même la doctrine de Zénon : en *logique*, 2000 ans avant Descartes, il en appelle à une sorte d'évidence irrésistible et impersonnelle, pour établir la légitimité de nos perceptions ; en *physiologie*, il développe la théorie des raisons séminales de toutes choses contenues dans la force primitive ; en *morale*, c'est à lui que revient l'honneur d'avoir établi que la justice doit être pratiquée pour l'excellence qui est en elle.

ZÉNON, de Tarse, contemporain de Chrysippe, eut pour disciple *Diogène*, de Babylone, qui fut le maître d'*Antipater*, de Tarse (vers 180) ; ce dernier continua à défendre le stoïcisme contre Carnéade, son redoutable adversaire.

Bientôt, en parlant de la philosophie à Rome, nous aurons à citer les noms de plusieurs autres stoïciens célèbres : *Panætius*, disciple d'Antipater ; *Posidonius*, d'Apamée en Syrie ; mais surtout *Sénèque, Épictète, Marc-Aurèle*.

TROISIÈME ÉPOQUE

DU COMMENCEMENT DE L'ÈRE CHRÉTIENNE A LA CHUTE DE L'EMPIRE D'OCCIDENT (476)

Disons tout d'abord ce que devinrent, à *Rome*, les diverses écoles philosophiques de la Grèce ; nous ferons connaître ensuite le *gnosticisme*, formé d'une combinaison bizarre des dogmes juifs et chrétiens avec les diverses philosophies orientales, et surtout la célèbre *école d'Alexandrie*, qui s'efforce d'opérer la fusion entre la doctrine des philosophes grecs et celle des philosophes orientaux ; nous ajouterons en terminant quelques mots sur la *philosophie des Pères*.

I. — PHILOSOPHIE A ROME

Rome n'offre point de philosophie vraiment originale ; le génie politique et militaire de ses citoyens, leur respect pour la tradition, les rendaient peu propres aux spéculations de la pensée.

Ce fut même assez tard, vers le milieu du IIᵉ siècle avant

Jésus-Christ, que la philosophie grecque pénétra dans cette capitale du monde. Diogène le stoïcien, le péripatéticien Critolaüs, et Carnéade, chef de la nouvelle Académie, avaient été envoyés en ambassade par les Athéniens au sujet de la ville d'Orope; la jeunesse romaine accourut en foule à leurs leçons. Caton se hâta d'éloigner ces hommes qui apportaient des idées nouvelles; mais il était trop tard, la philosophie grecque avait conquis Rome.

Du reste, même en devenant disciples des Grecs, les Romains restèrent fidèles à leur caractère; ils s'inquiétèrent peu des doctrines métaphysiques de Platon et d'Aristote, méprisèrent le scepticisme absolu de Pyrrhon; ce fut aux systèmes qui poursuivent le plus directement le but pratique de la vie, qui donnent le plus de place à la morale, c'est-à-dire à l'*épicurisme* et au *stoïcisme,* qu'ils s'attachèrent de préférence.

Avant d'indiquer les principaux représentants de ces deux écoles, nous devons nous arrêter à *Cicéron,* qu'on a justement nommé le prince des philosophes aussi bien que des orateurs romains.

I. — Cicéron.

Biographie. — CICÉRON naquit à Arpinum en l'an 106 avant Jésus-Christ, et s'adonna tout d'abord à l'éloquence. Dès l'âge de dix-neuf ans cependant nous le voyons étudier la philosophie sous Philon de Larisse, l'un des chefs de la nouvelle Académie. Un peu plus tard il fréquentait le jurisconsulte stoïcien Mucius Scévola, en même temps qu'il s'instruisait de la doctrine d'Aristote près de Thraséas. A l'âge de vingt-huit ans, obligé de quitter Rome, pendant les temps difficiles de la domination de Sylla, il reçut à Athènes les leçons d'Antiochus, dont l'éclectisme cherchait à concilier les doctrines de Platon, d'Aristote et de Zénon, et à Rhodes celles du stoïcien Posidonius, qu'il devait mettre à profit dans ses ouvrages de morale.

De retour à Rome, il se livra tout entier aux luttes du barreau et de la tribune; mais vingt ans plus tard, après son consulat, pendant son nouvel exil, il chercha dans la philosophie, qui avait charmé sa jeunesse, un remède à ses chagrins.

Après la défaite de Pharsale, sous la dictature de César, il y revint encore, et en développant dans un magnifique langage les idées qu'il empruntait aux philosophes grecs, il trouva moyen de travailler jusque dans la vie privée à la gloire de sa patrie.

Quand le meurtre du dictateur lui eut rendu quelque influence politique, fidèle à ces études qui l'avaient consolé dans ses disgrâces, Cicéron, pendant les dernières années de sa vie et jusqu'à sa mort (43 avant J.-C.), fit marcher de front ses travaux philosophiques et ses devoirs de sénateur.

Ouvrages. — Les ouvrages philosophiques de Cicéron sont nombreux : dès sa jeunesse il traduisit le *Timée* et le *Protagoras* de Platon.

Trois ouvrages furent composés probablement dans l'intervalle compris entre son consulat et la dictature de César : — le *Traité de la république,* ou recherche de la meilleure forme de gouvernement ; œuvre de prédilection du philosophe romain, qui se termine par le *Songe de Scipion,* et que les curieuses découvertes du cardinal Angelo Maï n'ont pu reconstruire en entier ; — le *Traité des lois,* ou tableau des anciennes institutions romaines, malheureusement incomplet ; — l'*Hortensius,* ou apologie de la philosophie, dont nous n'avons plus que de rares fragments.

Toutes les autres compositions philosophiques de Cicéron se rapportent aux dernières années de sa vie ; ce sont : les *Académiques,* dans lesquels Cicéron expose les motifs qui l'ont incliné vers la doctrine d'Arcésilas et de Carnéade ; le *de Finibus bonorum et malorum,* ou examen des théories épicuriennes et stoïciennes sur le bonheur ; les *Tusculanes,* ou conférences sur la mort, la douleur physique, le chagrin, les passions, les rapports de la vertu et du bonheur ; le *de Natura deorum,* le *de Divinatione,* le *de Fato,* où se trouvent débattues les questions de l'existence et de la providence des dieux, des signes par lesquels ils découvrent aux hommes les choses cachées, et de la conciliation du destin et de la liberté humaine ; le *de Officiis* (trois livres), ou traité de morale composé pour l'éducation de son fils Marcus.

Tous ces traités, sauf le *de Officiis,* sont écrits sous forme de dialogues ; mais les dialogues de Cicéron, généralement peu coupés, n'ont point la vivacité de ceux de Platon ; le personnage principal développe la question avec une abondance et une chaleur de style qui rappellent partout l'orateur.

Doctrine. — Cicéron se donne lui-même pour un disciple de la moyenne ou nouvelle Académie. L'indécision de son caractère et de son esprit, la succession capricieuse d'événements opposés dans l'ordre politique, le portaient au *scepticisme plus ou moins mitigé de cette école.* La preuve de cette tendance se rencontre fréquemment dans ses ouvrages, spécialement au commencement du deuxième livre du *de Officiis,* dans les *Académiques,* et à la fin de l'*Orateur,* beau traité de rhétorique où la philosophie occupe une assez large place.

Si maintenant nous étudions les doctrines qu'il accepte comme vraisemblables, nous devons reconnaître qu'il accueille volontiers les opinions des divers philosophes qui lui paraissent *les plus élevées* et *les plus faciles à concilier avec l'intérêt de la société* et le *but pratique de la vie.*

Ainsi il accepte de Socrate et de Platon la croyance à l'existence des dieux, la foi dans la divine Providence, la doctrine de l'immortalité de l'âme; il emprunte aux successeurs de Zénon le principe de la justice et du devoir, l'idée d'une loi universelle, qui n'est autre que la raison éternelle et la volonté immuable de Dieu; dans l'exposé des devoirs particuliers il devient péripatéticien, et reconnaît qu'au-dessous du bien suprême, la santé, les richesses, la puissance, peuvent être recherchées à titre de biens secondaires. Ajoutons que dans les questions de morale, Cicéron, quoique imparfait et incomplet encore, s'élève bien au-dessus des philosophes grecs; aucun n'avait exposé comme lui l'accord des principes de la raison avec ceux de l'ordre social; aucun n'avait aperçu, à côté du principe de la justice, le principe de la charité ou de l'amour.

En résumé donc, Cicéron adopte tout à la fois l'esprit sceptique du fondateur de la moyenne Académie et le syncrétisme de ses derniers représentants.

II. — L'épicurisme à Rome.

D'après Montesquieu, la philosophie épicurienne, qui s'introduisit à Rome sur la fin de la république, contribua beaucoup à gâter le cœur et l'esprit des Romains. Les disciples d'Épicure furent nombreux; mais c'est à peine si quelques noms nous sont parvenus.

AMAFANIUS est peut-être le premier qui ait exposé à Rome

la philosophie d'Épicure. Cicéron lui reproche à la fois l'imperfection de son style et de sa dialectique.

Vers le même temps, CATIUS, partisan des mêmes doctrines, composa dans un style assez agréable, d'après Quintilien, un ouvrage en quatre livres sur la nature des choses et le souverain bien.

Mais le principal représentant de l'épicurisme à Rome fut LUCRÈCE. Né vers l'an 95 avant Jésus-Christ, il fut le contemporain de Catulle et de Cicéron, le précurseur et le maître de Virgile. Son poème *de Natura rerum* (six livres), dédié à Memmius, a pour but de rendre aux hommes le repos en les délivrant de la crainte des dieux et de la mort.

Il y expose, en un style souvent admirable, le système d'Épicure, mais en le modifiant quelquefois pour l'accommoder à son caractère mâle et austère de Romain. Au lieu, par exemple, de livrer le monde au hasard, il le soumet à des lois invariables; il proclame que l'homme est maître de sa destinée, qu'elle dépend de l'usage qu'il fait de sa volonté; enfin, au nom même de la volupté, il prêche la justice, la frugalité, la haine du mal, avec autant de force qu'un stoïcien.

Au nombre des jurisconsultes ou personnages politiques partisans des doctrines épicuriennes, on peut citer Pomponius Atticus, l'ami de Cicéron; Cassius, un des meurtriers de César; César lui-même; Lucullus Torquatus, descendant du grand citoyen de ce nom, qui défend le système d'Épicure dans le *de Finibus;* Caius Velleius, qui remplit le même rôle dans le *de Natura deorum.*

III. — Le stoïcisme à Rome.

Tout ce que Rome renfermait encore de cœurs généreux dans les derniers temps de la République et sous les premiers empereurs se rattachait au stoïcisme; mais le stoïcisme romain est le plus souvent mitigé par divers emprunts faits aux écoles de Platon et d'Aristote.

Les principaux représentants de cette doctrine sont : *Panætius, Posidonius, Sénèque, Épictète* et *Marc-Aurèle.*

PANÆTIUS, originaire de Rhodes, est du commencement du IIe siècle avant Jésus-Christ; il appartient, en partie du moins, à l'histoire de la philosophie romaine, puisque, avant de suc-

céder à son maître Antipater dans la direction de l'école
stoïcienne d'Athènes, il vint enseigner à Rome et réunit à ses
leçons les plus illustres citoyens de cette capitale.

Il nous reste à peine quelques fragments des ouvrages qu'il
a composés; les principaux se rapportent au *Traité du devoir*,
qui a servi de modèle au *de Officiis* de Cicéron.

POSIDONIUS, disciple de Panætius, ouvrit son école à Rhodes,
exerça de là une influence remarquable sur la société romaine.
Le grand Pompée voulut l'entendre, et Cicéron suivit pendant
longtemps ses leçons. Posidonius compléta la morale de Panætius, mais ses principaux travaux se rapportent à l'astronomie,
et ce sont bien probablement ses idées que Cicéron expose au
IIᵉ livre du *de Natura deorum* et dans le *Songe de Scipion*.

Sénèque. — *Biographie.* — Sénèque, surnommé le Philosophe, naquit à Cordoue l'an 3 de l'ère chrétienne, sous le
règne d'Auguste. D'abord précepteur, puis ministre de Néron,
il perdit tout crédit après la mort d'Agrippine, et le prince
profita de la conspiration de Pison pour lui donner l'ordre de
s'ouvrir les veines. Sénèque mourut ainsi l'an 66 de Jésus-
Christ, entouré de ses amis, auxquels il légua, comme la
seule chose qu'il eût, l'exemple de sa vie.

Ouvrages. — Sénèque a cultivé tous les genres : outre dix
tragédies, quelques poésies diverses, des traités sur l'Inde,
les mœurs égyptiennes et les superstitions étrangères, il a
composé de nombreux ouvrages philosophiques. Les principaux dans l'ordre probable des dates sont : *de la Colère, de la
Clémence, de la Vie heureuse, des Bienfaits, Questions naturelles,* et cent vingt-quatre *lettres à Lucilius,* dans lesquelles
se trouvent de belles pages sur l'amitié, la philanthropie,
l'esclavage... « Le trait, la saillie et le nerf, la chaleur et le
mouvement : telles sont les qualités de son style, auquel on
peut reprocher trop d'antithèses, trop de recherche, trop de
redites. »

Appréciation. — Sénèque n'a point également développé les
trois parties de la philosophie stoïcienne. Nulle part il n'a traité
de la logique; il s'est occupé davantage de la physique; mais
c'est à la *morale* surtout qu'il s'est appliqué; encore, dans la
morale, ses préférences marquées sont-elles pour tout ce qui
a directement trait à la conduite. Les questions spéculatives
ne sont traitées par lui que superficiellement; mais dans les

questions pratiques, dans l'analyse du cœur humain, l'exposé
de nos devoirs, il excelle; ses erreurs mêmes ont quelque
chose qui charme; elles ne sont que l'exagération du vrai et
s'expliquent d'ailleurs, aussi bien que ses contradictions nombreuses, par l'empire que l'imagination exerça toujours sur
son esprit.

Épictète. — *Biographie.* — Épictète, d'Hiéropolis en Phrygie
(ce nom d'Épictète, conservé par l'histoire, n'est qu'un adjectif
qui veut dire esclave, serviteur), est du 1er siècle de l'ère chrétienne. Esclave d'abord, puis affranchi d'Épaphrodite, l'un des
gardes particuliers de Néron, c'est à Rome qu'il a passé la plus
grande partie de sa vie, à Rome qu'il a exercé son influence,
à Rome qu'il a été initié à la philosophie par Musonius, et qu'il
a trouvé son principal disciple, Marc-Aurèle. Lorsque Domitien
chassa de Rome les philosophes, il se retira à Nicopolis en
Épire, où la jeunesse romaine alla l'écouter.

Appréciation. — Épictète veut que la philosophie soit moins
une science qu'une école de vertu; il s'efforce d'associer à la
morale l'idée religieuse, pour transformer l'apathie stoïque en
résignation à la volonté divine, et insiste sur la distinction
fondamentale des *choses qui dépendent de nous* et des *choses
qui n'en dépendent pas*. Moins égoïste que ses prédécesseurs,
il commande d'oublier la faute d'autrui et permet de féliciter
un ami de son bonheur; il ne conseille pas encore, il est vrai,
au philosophe de sortir de son repos pour s'occuper des affaires
publiques, mais ce n'est pas par un amour farouche de la
liberté individuelle, c'est parce que le philosophe a déjà une
charge dans l'État, celle d'enseigner la vertu.

Épictète n'a probablement rien écrit; mais *Arrien*, son disciple, a publié en huit livres les discours qu'il avait recueillis
de la bouche de son maître. C'est le résumé de ces discours que
nous avons sous le nom d'Ἐγχειρίδιον ou *Manuel*.

MARC-AURÈLE reçut de son maître Rusticus la doctrine
d'Épictète, et sut y conformer sa conduite. Humanisant de
plus en plus le stoïcisme; il en vint à proclamer le dogme de
la fraternité universelle, à réhabiliter l'amour et la bienfai-
sance. Le livre de *sa vie* qu'il avait écrit a été perdu; nous
n'avons plus que *ses pensées*, recueil admirable auquel il ne
manque souvent que la lumière de l'Évangile et le feu de la
vraie charité.

IV. — Autres écoles à Rome.

Les doctrines métaphysiques de *Pythagore*, de *Platon* et d'*Aristote* ne trouvèrent à Rome que de rares et obscurs partisans.

1° SEXTIUS vivait à Rome au temps d'Auguste, fondateur d'une nouvelle secte, les *sextiens*, à laquelle appartenaient son propre fils, et *Sotion*, l'un des maîtres de Sénèque; il essaya d'unir ensemble la morale du stoïcisme et le mysticisme de Pythagore. Un peu plus tard, APOLLONIUS de Tyane, en Cappadoce, le dernier prophète ou plutôt la dernière idole du paganisme expirant, apparaît comme *disciple enthousiaste de Pythagore*.

2° ATTICUS, au II° siècle de l'ère chrétienne, est un *philosophe platonicien*, ennemi déclaré de l'éclectisme alexandrin, que nous étudierons bientôt, et d'Aristote, auquel il reproche de ne s'être éloigné de son maître que par un vain désir d'innovation.

3° ANDRONICUS, de Rhodes, qui est environ de l'an 50 avant Jésus-Christ; XÉNARQUE, de Séleucie, qui gagna les bonnes grâces d'Auguste, et compte Strabon parmi ses disciples; ALEXANDRE, d'Égée, disciple du mathématicien Sosigène et l'un des maîtres de Néron, représentent l'*école péripatéticienne*.

II. — GNOSTICISME

Le nom de gnostiques dérive du mot *gnose* (γνῶσις), employé pour désigner une science supérieure aux croyances vulgaires. On appelle ainsi certains hérétiques des premiers siècles de l'ère chrétienne, qui essayèrent de combiner les dogmes juifs et chrétiens avec les philosophies orientales de la Perse, de l'Égypte et de l'Inde.

Leur méthode était une sorte d'illumination mystique qui les mettait, disaient-ils, en communication directe avec les esprits célestes. Une telle prétention devait les faire tomber dans des variations doctrinales sans fin; aussi compte-t-on un grand nombre de sectes gnostiques. On peut cependant les ramener à deux principales : celle des *gnostiques panthéistes*, à laquelle se rattachent Simon le Magicien, Cérinthe, Carpocrate, Valentin, et celle des *gnostiques dualistes*, dont les principaux représentants sont Saturnin, Bardésanes, Basilides et Manès.

I. — Gnostiques panthéistes.

Selon les gnostiques panthéistes, d'un premier principe unique, l'*abîme*, sortent par émanation divers êtres spirituels. Ces êtres, appelés *éons*, dont l'ensemble constitue le *plérome* ou monde supérieur, sont de moins en moins parfaits à mesure qu'ils s'éloignent de la source primitive de l'être. Le dernier et le plus imparfait des éons se nomme *Démiurge*, et n'est autre que le Jéhovah des Juifs. C'est lui qui, par émanation, a produit le monde inférieur que nous habitons. Ce monde est essentiellement imparfait comme son auteur ; et les âmes, de leur nature spirituelles, s'y trouvent enchaînées à la matière. Pour réparer l'œuvre du Démiurge et délivrer les âmes, le premier principe a envoyé sur la terre l'un des premiers éons, le Verbe ou le Christ (λόγος), qui a pris l'apparence d'un corps pour accomplir sa mission.

Les hommes, d'après Valentin, peuvent se ranger en trois classes : — les pneumatiques, qui reçoivent la rédemption du Verbe, ce sont les vrais chrétiens ; — les psychiques, qui se contentent du culte du Démiurge, ce sont les Juifs ; — les hyliques, qui laissent dominer en eux le principe matériel et mauvais : ce sont les païens.

II. — Gnostiques dualistes.

Les gnostiques dualistes admettent *deux principes éternels :* l'esprit et la matière, la lumière et l'ombre, le bien et le mal. Du principe bon procèdent par émanations successives et graduelles les *éons* qui composent le plérome céleste. Du principe mauvais procède aussi de la même manière une série d'êtres mauvais ; de là deux mondes, deux empires distincts et opposés, l'un bon, l'autre mauvais.

Les êtres mauvais, épris d'amour pour la lumière, dit Basilides, se sont élancés vers le plérome ; d'autre part, les êtres bons, en vertu de la force expansive du bien, se sont répandus en dehors de leurs demeures respectives. Les bons et les mauvais génies se sont ainsi rencontrés sur la terre qui, produite par le Démiurge, le dernier des éons purs, est placée à la limite de l'empire céleste. De là une horrible confusion et la dégradation des âmes, qui, spirituelles et lumineuses par nature, se trouvent unies à la matière et souvent dominées par le principe de ténèbres.

Le rédempteur envoyé dans le domaine du Démiurge pour rétablir toutes choses dans l'état primitif est le plus élevé et le plus puissant des éons : c'est le Verbe ou l'Intelligence.

III. — ÉCOLE D'ALEXANDRIE

Alexandrie, située au fond de la Méditerranée, sur les confins de l'Europe, de l'Asie et de l'Afrique, devint rapidement la capitale d'un grand empire. Enrichie d'un musée précieux, d'une bibliothèque admirable, elle fut sous le règne éclairé des Lagides et continua d'être sous la domination romaine le centre d'un immense commerce, le rendez-vous des savants de tous les pays, un vaste gymnase où toutes les sciences furent enseignées, où toutes les religions avaient accès.

Le groupe philosophique désigné sous le nom d'*école d'Alexandrie* se propose d'opérer une fusion entre les diverses philosophies grecques, puis entre la philosophie grecque et la philosophie orientale.

L'école d'Alexandrie, caractérisée par les désignations d'école *éclectique, néoplatonicienne, théologique, mystique,* commence à la fin du IIe siècle de notre ère et se continue jusqu'aux dernières années de Justinien, au commencement du IVe siècle.

Cette école, du reste, présente trois phases assez distinctes : dans *la première*, elle est fondée sous l'influence du christianisme par Ammonius Saccas, mais se transforme bientôt, sous Plotin, en un vaste système qui devient une contrefaçon philosophique du dogme chrétien. Dans *la seconde*, elle se livre à des opérations de théurgie ; et avec Porphyre, Jamblique, elle commence contre le christianisme une lutte impuissante qui amène sa ruine, après un court moment de triomphe sous Julien l'Apostat. Dans *la troisième* enfin, elle se révèle avec Proclus à Athènes ; mais ce n'est qu'un éclat passager.

Faisons connaître sommairement les *hommes* et les *doctrines*

LES HOMMES

Ammonius Saccas. — Ammonius, surnommé *Saccas*, parce qu'il fut portefaix avant de se livrer à l'étude de la philosophie, naquit de parents chrétiens dans la dernière moitié du IIᵉ siècle. Sa vie nous est inconnue ; nous savons seulement qu'il se proposa de concilier la doctrine de Platon avec celle d'Aristote et de les faire servir toutes deux à la glorification de l'Évangile. *Origène*, l'apologiste chrétien ; *Longin*, l'auteur du *Traité du sublime; Plotin* enfin, se firent gloire de suivre ses leçons.

Plotin. — PLOTIN, le principal représentant et le véritable chef de l'école d'Alexandrie, naquit à Lycopolis en Égypte, en 205. Il avait vingt-six ans lorsque, étant entré au cours d'Ammonius à Alexandrie, il s'écria : « Voilà l'homme que je cherchais ! »

Après avoir suivi pendant onze ans les leçons du docteur alexandrin, il parcourut la Perse et l'Inde pour connaître les doctrines orientales, et vint à l'âge de quarante ans fonder une école à Rome, où il séjourna pendant vingt-six ans. Il mourut en l'an 270.

Plotin est un esprit à la fois enthousiaste et érudit. Sa méthode d'enseignement a beaucoup d'analogie avec celle de Socrate. Ses ouvrages, très nombreux, ne sont guère que des morceaux épars plus ou moins étendus, d'un style vigoureux, mais négligé ; ils ont été corrigés par Porphyre et divisés par lui en six *ennéades* ou neuvaines, « en l'honneur des nombres parfaits 6 et 9. »

Les disciples de Plotin se divisèrent à sa mort : « Quelques-uns, dit saint Augustin, se rangèrent sous le drapeau de la foi ; d'autres *se laissèrent peu à peu entraîner aux sciences occultes et à la magie.* » Porphyre et Jamblique appartenaient à ce dernier groupe.

Porphyre. — PORPHYRE, né à Tyr en 232, fut d'abord le disciple d'Origène à Alexandrie, et de Longin à Athènes. Il avait environ trente ans quand il vint à Rome, où Amélius lui fit connaître Plotin. Pendant cinq ans il suivit les leçons de ce maître et acquit une telle réputation, qu'il succéda à Amélius comme chef de l'école néoplatonicienne. Après avoir beaucoup voyagé, il mourut à Rome vers l'an 305.

Porphyre a mis en ordre les œuvres de Plotin et composé lui-même un grand nombre d'ouvrages, parmi lesquels nous citerons : la *Vie de Plotin*, toute remplie de faits merveilleux et mensongers ; la *Vie de Pythagore*, l'*Isagoge* ou introduction à l'*Organon* d'Aristote.

Jamblique. — JAMBLIQUE était originaire de Chalcis, dans la Cœlésyrie ; l'époque de sa naissance et celle de sa mort nous sont inconnues ; la plus grande partie de sa vie a dû se passer à Alexandrie. Devenu, après la mort de Porphyre, l'oracle de l'école, il vit affluer près de lui des disciples enthousiastes, mais il s'écarte de plus en plus de l'esprit du véritable platonisme et se livre, pour produire l'extase, aux pratiques les plus ridicules de la théurgie.

Parmi les successeurs de Jamblique citons encore : — *Julien l'Apostat* (331-363), qui employa, mais en vain, toutes les ressources de la puissance impériale à soutenir l'école d'Alexandrie, dernier asile du polythéisme grec et romain, contre les progrès rapides du christianisme ; — *Hiéroclès*, qui se rapprocha, dans l'explication de l'origine des choses, du dogme de la création et rendit à l'école d'Alexandrie son caractère, en même temps que Proclus illustrait celle d'Athènes.

Proclus. — PROCLUS (412-485), surnommé l'Aristote du mysticisme alexandrin, transporte son école à Athènes, où elle jette un assez vif éclat jusqu'au décret de Justinien, qui ferme les écoles d'Athènes en 529.

Les platoniciens, exilés, cherchèrent un asile auprès de Chosroès. *Damascius* revint bientôt sur le sol de l'empire, et l'école dont il est un des derniers représentants, avec *Philopon* et Simplicius, célèbre commentateur d'Aristote, s'éteint tout à fait vers le milieu du xe siècle.

LES DOCTRINES

C'est dans les *Ennéades* qu'il faut aller chercher la doctrine des Alexandrins ; nous pouvons la rapporter à trois titres principaux : *Dieu, le monde* et *l'âme*.

Dieu. — Le Dieu des Alexandrins est formé de trois hypostases éternelles, mais inégales : — (a) Au-dessus de tout être et de toute intelligence est l'*unité*, sans laquelle rien ne peut être conçu. — (b) Par une loi de sa propre nature l'Un, sans se modifier aucunement lui-même, produit l'*intelligence,* seconde hypostase, inférieure à la première, et qui possède les idées de toutes choses. — (c) De l'intelligence procède une troisième hypostase, l'*âme,* principe actif et vivant, qui produit le monde.

Dans cette procession des hypostases divines, comme dans la production du monde, Dieu reste essentiellement libre; mais cette liberté souveraine ne consistant, pour Plotin comme pour Spinoza, qu'à agir avec intelligence, sans contrainte, en obéissant aux lois de la nature, il en résulte qu'elle exclut la possibilité du choix, et que tous les actes divins, enchaînés par une nécessité que rien ne peut vaincre, sont toujours bons; c'est la *Providence.*

Le monde. — L'âme divine, essentiellement active, produit éternellement au dehors les idées de toutes choses, et ces idées produites sont les *âmes,* que Plotin range en plusieurs classes.

Les idées ne peuvent exister que dans un sujet; il faut donc que l'âme divine, en produisant les âmes, produise la *matière.* Cette matière n'est probablement qu'une sorte de puissance ou de capacité de recevoir l'action des âmes. Quand elle la reçoit, elle passe de la puissance à l'acte, revêt une forme, devient un corps.

Un double mouvement rend compte de toutes choses : un mouvement de *procession,* d'expansion, de descente, explique l'origine des êtres; un mouvement de *conversion,* de concentration, d'ascension, explique leur progrès et leur destinée. Le premier mouvement affaiblit l'être en le multipliant; le second le perfectionne en le ramenant à l'unité. Tout sort de Dieu, tout retourne à Dieu, telle est la loi suprême; Dieu est le principe et la fin, l'alpha et l'oméga.

L'âme. — Les âmes humaines, émanées de l'âme divine, sont impérissables et tendent à se dégager de la matière pour s'unir à l'âme divine, et rentrer dans la grande Unité d'où elles sont sorties. Deux moyens leur sont offerts pour arriver à cette absorption en Dieu : le premier, qui dépend de leurs propres efforts, consiste dans l'acquisition de la science et la pratique de la vertu; le second et le principal consiste dans le secours des dieux.

La *science* que l'âme doit s'efforcer d'acquérir est de deux sortes : l'une, imparfaite, mais utile pourtant, parce qu'elle corrige les illusions des sens, repose sur divers procédés logiques ; l'autre, parfaite, consiste dans l'intuition immédiate de la vérité et s'acquiert par l'extase, la simplification de l'âme (ἅπλωσις) ou sa réduction à l'unité.

La *vertu* comprend aussi deux degrés : la vertu inférieure et commune des hommes qui vivent en société, cherchent à se purifier des souillures des sens, et restent fidèles aux prescriptions de la loi morale; et la vertu supérieure (ἕνωσις) de ceux qui, morts au monde extérieur, anéantissent encore leur personnalité propre pour mieux s'identifier avec Dieu et se perdre en lui.

Mais le développement de la vie divine en nous dépend surtout du *secours des dieux,* avec lesquels nous entrons en communication soit par la prière, soit par les pratiques variées de la théurgie.

Les âmes affranchies par ces moyens des liens de la matière sont absorbées en Dieu; les autres sont soumises à la loi de la métempsycose et des transmigrations successives jusqu'à leur parfaite délivrance.

IV. — PHILOSOPHIE DES PÈRES

Les premiers siècles de l'ère chrétienne nous offrent à côté des systèmes gnostiques et alexandrins, dont la tendance est hostile au christianisme, une philosophie parfaitement harmonisée avec le symbole chrétien ; elle est connue dans l'histoire sous le nom de *philosophie des Pères.*

Ses caractères généraux. — Un mot de saint Augustin la caractérise parfaitement : *in certis unitas, in dubiis libertas, in omnibus caritas.*

In certis unitas. Sur toutes les questions fondamentales qui avaient divisé les écoles précédentes, l'enseignement des Pères est uniforme, lumineux et convaincant; c'est l'enseignement de la foi.

In dubiis libertas. Cette uniformité disparaît quand on recherche les principes philosophiques sur lesquels ils s'appuient, pour exposer la vérité ou réfuter l'erreur. Les uns, comme saint Denys l'Aréopagite, saint Pantène, Origène, s'attachent à la PHILOSOPHIE ORIENTALE; d'autres, comme Tertullien, saint Justin, Lactance, saint Augustin, à la PHILOSOPHIE GRECQUE; et parmi ces derniers les uns préfèrent *Aristote*, les autres *Zénon;* la plupart inclinent à la philosophie de *Platon*.

In omnibus caritas. — Dans tous leurs écrits, du reste, circule un esprit nouveau, l'esprit de charité; l'unique but de leurs travaux est le bien des âmes, qu'ils veulent éclairer et purifier par l'Évangile.

Ses principaux représentants. — On distingue ordinairement les *Pères grecs* et les *Pères latins*.

PÈRES GRECS. — Les principaux sont : *saint Denys l'Aréopagite*, au premier siècle; *saint Justin* (114-168), *saint Pantène*, *saint Clément d'Alexandrie* et *Origène* (185-253), qui professèrent successivement, et avec un grand éclat, la philosophie chrétienne à Alexandrie; *saint Athanase* (296-373), le grand défenseur de la divinité de Jésus-Christ contre les ariens; *saint Basile* (329-370) et son frère *saint Grégoire de Nysse* (332-400); *saint Grégoire de Nazianze* (329-389), l'ami de saint Basile; *saint Jean Chrysostome* (347-407), *saint Cyrille d'Alexandrie* (412-444), l'adversaire de Nestorius, qui refusait à Marie le titre de Mère de Dieu.

PÈRES LATINS. — Citons parmi les plus remarquables : *Tertullien* (160-245), apologiste d'une vigueur incomparable, qui tomba malheureusement vers la fin de sa vie dans plusieurs graves erreurs; *Arnobe* et son disciple *Lactance*, qu'on surnomma le Cicéron chrétien; *saint Hilaire* (305-367), qui eut la gloire de compter saint Martin de Tours parmi ses disciples; *saint Ambroise* de Milan (340-397), *saint Jérôme* (331-420), *saint Augustin* (354-430), qui, entraîné d'abord dans l'erreur des manichéens, puis converti par les instructions de saint Ambroise et les prières de sainte Monique, et enfin sacré évêque d'Hippone, apparaît comme un des plus grands génies que Dieu ait donnés au monde, non moins admirable par l'étendue de ses connaissances que par son éloquence et les nombreux ouvrages qu'il composa pour défendre la vérité; *Cassien* (350-440), *saint Vincent de Lérins, Claudien Mamert, Salvien,* le Jérémie du Vᵉ siècle.

PÉRIODE DE TRANSITION

DE LA CHUTE DE L'EMPIRE D'OCCIDENT A CHARLEMAGNE
(476-800)

La période philosophique que nous avons étudiée jusqu'ici
se termine vers la fin du ve siècle. Les trois siècles qui suivirent, jusqu'à la fin du vIII^e, où commence la deuxième période,
sont presque entièrement stériles pour l'histoire de la philosophie.

Nous trouvons néanmoins, dans cette période de transition,
quelques noms que nous ne pouvons passer entièrement sous
silence.

Boèce (470-526). — Malgré les prétentions de quelques critiques modernes, il faut conserver à ce philosophe ses deux
plus beaux titres de gloire : celui de chrétien et celui de
martyr. Issu d'une des plus illustres familles de Rome, Boèce
alla achever ses études à Athènes, sous Proclus. De retour à
Rome, il fut élevé aux premières dignités du palais par Théodoric le Grand, et nommé trois fois consul. Accusé, par la
jalousie de quelques ennemis, d'intelligence avec l'empereur
grec Justin, il fut relégué à Pavie et condamné à mort, en
haine de la foi catholique, par le roi arien.

Les travaux philosophiques de Boèce sont remarquables,
sans rien offrir pourtant de bien original. Il a composé sur les
diverses parties de la *Logique* d'Aristote plusieurs commentaires qui en répandirent la connaissance dans un temps où les
textes originaux étaient rares, et la langue grecque presque
universellement ignorée.

Boèce a commenté aussi l'*Isagoge*, de Porphyre; ce fut là
qu'il trouva le problème des universaux : « Je ne rechercherai
point, disait Porphyre, si les genres et les espèces existent par
eux-mêmes ou seulement dans l'intelligence; et, dans le cas
où ils existent par eux-mêmes, s'ils sont corporels ou incor-
porels, s'ils existent séparés des objets sensibles ou dans ces

objets et en faisant partie. » Boëce incline vers la solution du
réalisme modéré et transmet au moyen âge ce problème, qui
donnera lieu aux retentissantes disputes de Roscelin, de Guillaume de Champeaux, d'Abélard et de leurs successeurs.

L'ouvrage qui fait le plus d'honneur à Boëce, comme philosophe et comme écrivain, est celui qu'il composa pendant les
tristes loisirs de sa prison, et qu'il intitula : *de Consolatione
philosophiæ*. Ce traité, divisé en cinq livres, écrit sous forme
de dialogue et composé alternativement de vers et de prose, a
pour but de réfuter les principales objections qu'on fait contre
la Providence.

Cassiodore (468-568). — Cassiodore fut l'ami et le contemporain de Boëce; il naquit à Squillace, en Calabre, d'une
famille riche et considérée. A la chute d'Odoacre, roi des
Hérules, il fut appelé à la cour de Théodoric, roi des Ostro-
goths, qui le choisit pour son secrétaire et l'éleva plus tard à la
dignité de questeur et maître des offices. A l'âge de soixante-
dix ans il renonça au monde, se retira dans le monastère de
Viviers, qu'il avait fondé sur ses terres de Lucanie, et y mourut
en 568, âgé d'environ cent ans.

Il a composé plusieurs ouvrages : *de Septem ortibus libera-
libus, de Institutione divinarum litterarum,* très célèbres dans
les premiers siècles du moyen âge.

Saint Isidore de Séville (570-636) est un érudit et un
compilateur. Né à Carthagène, il fut élevé sur le siège de
Séville par le roi Récarède. Il a composé plusieurs ouvrages;
son livre des *Étymologies* ou des *Origines* renferme en abrégé
toute la science du viie siècle.

Bède, surnommé le *Vénérable* (672-735), moine anglo-
saxon, naquit dans un village du diocèse de Durham. Toute
sa vie s'écoula dans le monastère de Jarrow, où ses parents
l'avaient placé dès l'âge de sept ans. Il s'y livra assidûment à
l'étude de toutes les branches des connaissances humaines, et
acquit une érudition bien supérieure à celle de ses contemporains. Ses ouvrages, très nombreux, ne sont guère que
de laborieuses compilations d'une utilité inappréciable au
viiie siècle, mais actuellement sans grand intérêt. C'est une des
sources où puisa la scolastique.

Saint Jean Damascène ou de Damas (676-760), le saint
Thomas de l'Église d'Orient, eut pour précepteur un Italien

nommé Côme, que son père avait racheté de la captivité. Après avoir rempli pendant quelques années les fonctions de premier ministre auprès du calife, il se retira au monastère de Saint-Sabas, près de Jérusalem, et y consacra ses talents à la défense de la vraie foi contre les manichéens, les nestoriens et les iconoclastes. Outre ses ouvrages théologiques, il a composé une *Dialectique* et un traité de la *Foi orthodoxe,* qui renferme, avec les éléments d'une psychologie, plusieurs considérations rationnelles assez remarquables sur l'existence de Dieu et les attributs divins.

DEUXIÈME PÉRIODE

PHILOSOPHIE DU MOYEN AGE

ou

SCOLASTIQUE

DU COURONNEMENT DE CHARLEMAGNE A LA CHUTE DE L'EMPIRE D'ORIENT (800-1453)

« Charlemagne est le génie du moyen âge; il l'ouvre et le constitue. » C'est lui qui, après avoir établi l'ordre matériel, fonde, de concert avec l'Église, près des sièges épiscopaux et dans les grands monastères, les écoles, *scholæ*, où se conserve et se développe la science. Tel est le berceau de la *scolastique*, qui n'est autre chose que la *philosophie enseignée dans les écoles au moyen âge*.

Deux caractères la distinguent de la philosophie ancienne et de la philosophie moderne; le premier est *la prédominance des questions religieuses :* par son esprit, en effet, la philosophie du moyen âge se rattache à la philosophie chrétienne des premiers siècles de notre ère; elle emprunte à l'Écriture sainte presque tous ses principes, et aux ouvrages des Pères la plupart des solutions qu'elle donne aux problèmes que se pose l'esprit humain. Aussi le fond de sa doctrine est-il merveilleusement riche; il contient tout le trésor des vérités révélées par le christianisme.

En possession des vérités fondamentales, les intelligences de cette époque durent s'employer exclusivement à en déduire toutes les conséquences légitimes; de là un second caractère de la scolastique, *l'emploi de la méthode syllogistique*. Malheureusement on argumente sans s'inquiéter des principes, qui restent au-dessus de l'examen, même quand ils n'ont d'autre fondement que l'autorité d'Aristote. On réduit toute la logique au syllogisme, quelquefois le syllogisme à un mécanisme verbal, et l'abus du syllogisme amène bientôt l'emploi des distinctions et des divisions, même les plus subtiles et les plus frivoles.

La période philosophique du moyen âge peut se diviser en trois époques, qui se distinguent par la diversité des rapports dans lesquels se trouvent successivement, l'un avec l'autre, l'élément théologique et l'élément purement rationnel de la scolastique.

Dans la première (800-1200), la subordination de la philosophie à la théologie est complète; la philosophie n'est que la forme, ou, comme on l'a dit, la servante de la théologie (*ancilla theologiæ*).

Dans la seconde (1200-1300), la philosophie et la théologie sont alliées et étroitement unies, quoique distinctes; c'est l'apogée de la scolastique.

Dans la troisième (1300-1453), la philosophie se sépare peu à peu de la théologie, et tend à l'indépendance absolue qui caractérise la philosophie moderne; c'est une époque de décadence.

PREMIÈRE ÉPOQUE

NAISSANCE ET PREMIERS DÉVELOPPEMENTS DE LA SCOLASTIQUE
DE 800 A 1200

Pendant les premiers siècles du moyen âge, l'enseignement des écoles était extrêmement restreint, et n'avait pour *objet*, en dehors des sciences religieuses, que les sept arts libéraux, divisés en *trivium* (grammaire, dialectique, rhétorique) et en *quadrivium* (arithmétique, géométrie, astronomie, musique) [1]. La *méthode* d'enseignement consistait à lire et à commenter quelque auteur ancien. C'est ainsi qu'aux écoliers de la classe de grammaire on lisait Donat et Priscien; pour la rhétorique, on interprétait quelques traités de Cicéron et de Boëce; pour les sciences, on lisait les questions naturelles de Sénèque,

---

[1] *Gramm.* loquitur; *Dia.* vera docet; *Rhet.* verba colorat.
  Mus. canit; *Ar.* numerat; *Geo.* ponderat; *Ast.* colit astra.

4

l'astronomie de Ptolémée. Pour la dialectique ou philosophie
proprement dite, dont l'importance devint bientôt prépondé-
rante, les seuls livres qui fussent d'abord à la disposition des
scolastiques étaient quelques parties de l'*Organon* d'Aristote
(les *Catégories* et l'*Hermeneia*); l'*Isagoge* de Porphyre, et
quelques ouvrages de Boëce, de Cassiodore ou d'Isidore de
Séville.

Cette première époque peut se subdiviser en deux parties : La
première, qui s'étend jusqu'au milieu du xie siècle (800-1050),
est caractérisée par la fondation de nombreuses écoles, et par
les premiers essais de conceptions philosophiques. — La *seconde*
(1050-1200) voit naître la célèbre controverse des universaux,
et comprend la première phase du débat entre les nominalistes,
les réalistes et les conceptualistes.

I. — Écoles carlovingiennes et premiers essais de conceptions philosophiques.

Fondation des écoles. — A la fin du viiie siècle, Charlemagne, pour faire refleurir les études de toutes parts abandon-
nées, établit de nombreuses écoles dans les maisons épiscopales,
dans les grands monastères et jusque dans son palais. Parmi
les divers savants étrangers qu'il sut attirer en France pour les
placer à la tête de ces écoles, on cite : *Paul Warnefrède,* plus
connu sous le nom de *Paul Diacre,* ancien secrétaire de Didier,
dernier roi des Lombards; *Pierre de Pise; saint Paulin,*
patriarche d'Aquilée; *Théodulphe,* évêque d'Orléans, auteur
de l'hymne *Gloria, laus et honor;* mais le plus célèbre fut
Alcuin.

ALCUIN (de 725 environ à 804), surnommé les *Délices de
Charlemagne,* était Anglais de nation et diacre de l'Église
d'York. Cédant à de pressantes sollicitations, il vint se fixer en
France et fut placé à la tête de l'école du palais; sa gloire est
d'avoir su donner une impulsion nouvelle aux études et d'avoir
fondé de nouvelles écoles près des monastères de Fulde, de
Tours, de Fontenelle, de Ferrières. Parmi ses ouvrages philosophiques, il faut citer une *Dialectique* et un *Traité des sept
arts libéraux.*

Les plus célèbres de ses disciples furent : *Raban-Maur* (776-
856), abbé de Fulde, puis archevêque de Mayence, auquel on

attribue le *Veni Creator*, et *Éginhard*, abbé du monastère de Fontenelle, mort en 844.

Premiers essais de conceptions philosophiques. — *Au* IX° *siècle, Jean Scot Érigène,* directeur de l'école du palais sous Charles le Chauve, émit un système panthéiste, évidemment emprunté aux philosophes néoplatoniciens d'Alexandrie. Selon lui, l'unité primitive désignée par le mot *nature* renferme l'universalité des choses, et dans les deux ouvrages *de Divisione naturæ* et *de Divina prædestinatione,* où il expose son système, il s'efforce de montrer comment la diversité est sortie de cette unité radicale, qui s'est divisée, et comment toutes les natures créées, après s'être séparées de Dieu, reviennent fatalement à lui par la loi du retour.

Au X° *siècle,* le moine *Gerbert,* pape sous le nom de Sylvestre II, se rendit célèbre dans les sciences et la philosophie. Mais il s'adonna surtout aux mathématiques; on lui attribue plusieurs inventions merveilleuses et l'introduction des chiffres arabes en Occident.

Au XI° *siècle,* mentionnons *saint Fulbert* de Chartres et son disciple *Bérenger,* qui attaqua le dogme de la présence réelle; *Lanfranc* de Pavie, abbé du Bec, plus tard archevêque de Cantorbéry et maître de saint Anselme.

II. — Première phase de la controverse des universaux.

Vers le milieu du XI° siècle se manifeste un mouvement philosophique remarquable, dont l'objet est l'éternel problème de la nature des idées, problème connu dans l'histoire de la scolastique sous le nom de controverse des universaux.

Porphyre, dans son *Isagoge,* avait posé le problème en se demandant si les genres ont une existence séparée des choses où ils se manifestent, ou s'ils n'ont d'existence que dans les choses mêmes. Boëce, après avoir cité ce passage, rappelle dans son commentaire que Platon et Aristote avaient été divisés sur cette question. « Platon, dit-il, pense que les universaux existent en dehors des objets; Aristote, au contraire, qu'ils n'ont d'existence que dans les objets eux-mêmes. » Il expose les principaux arguments péripatéticiens pour et contre, mais renonce, comme Porphyre, à décider absolument entre ces

deux grands philosophes, la question lui paraissant trop difficile : *Altioris enim est philosophiæ.*

La question est soulevée de nouveau à l'époque que nous
étudions, et trois principaux systèmes se trouvent bientôt en
présence : le NOMINALISME, représenté par *Roscelin;* le RÉALISME,
représenté par *saint Anselme* et *Guillaume de Champeaux;* le
CONCEPTUALISME enfin, représenté par *Abélard.*

(a) Nominalisme. — Roscelin.

Jean Roscelin, chanoine de Compiègne, enseignait à Paris
vers 1080. Il n'a point sans doute inventé le nominalisme,
mais il est célèbre pour avoir développé le système, l'avoir
enseigné avec éclat, et l'avoir poussé à quelques-unes de ses
conséquences extrêmes; aussi en est-il regardé comme le
principal représentant.

Les universaux sont-ils des réalités? Non, répond Roscelin.
Les genres, les espèces, les propriétés générales, les universaux ne sont que de simples mots, *flatus vocis,* exprimant les
points de ressemblance de plusieurs choses entre elles. *Nous
ne pouvons, en effet, rien connaître que par les sens;* ce qu'ils
nous révèlent est une réalité, nous ne pouvons en douter; mais
ce qu'ils ne nous montrent pas n'est rien. L'individu frappe
nos sens, il existe; mais l'humanité, le genre, l'espèce, qui les
a vus? On voit un homme sage, un corps coloré, ils existent;
mais qui a vu la sagesse, la couleur? Donc ne dites pas que les
universaux sont des réalités.

Une première conséquence de ces principes, c'est que les
individus seuls existent réellement, qu'ils sont matériels et
qu'il n'y a qu'une seule substance, la matière. Une seconde
conséquence, c'est que les rapports qui unissent les trois personnes divines n'existant pas, la Trinité n'est qu'un mot; par
suite, il n'y a qu'une personne en Dieu, ou il y a trois Dieux
distincts.

Vivement attaqué par saint Anselme, Roscelin fut condamné
au concile de Soissons (1092), où il se rétracta. Cette condamnation empêcha pour un temps son système de prévaloir.

(b) Réalisme. — Saint Anselme, Guillaume de Champeaux.

Saint Anselme (1033-1109) est un des grands métaphysiciens
du moyen âge. Né à Aoste, dans une vallée des Alpes, il étudia

sous Lanfranc et succéda à son maître, d'abord comme abbé du Bec, et plus tard comme archevêque de Cantorbéry. Après avoir vaillamment défendu les droits de l'Église contre les empiétements de plusieurs rois d'Angleterre, et après avoir pris deux fois le chemin de l'exil, il mourut en 1109.

Saint Anselme réfuta les erreurs de Roscelin dans son ouvrage *de Fide Trinitatis*. Sans formuler aucune théorie précise, il y soutient un réalisme qui se rapproche beaucoup de la doctrine de Platon et de saint Augustin sur les idées, et reconnaît très expressément dans l'âme une faculté supérieure, la raison, qui perçoit des réalités que les sens ne sauraient atteindre.

Mais la philosophie du saint docteur est surtout contenue dans deux autres ouvrages, remarquables par l'application qu'il sait y faire de la dialectique à la théologie : le *Monologium seu Exemplum meditandi de ratione fidei* et le *Proslogium seu Fides quærens intellectum*.

Dans le premier ouvrage, saint Anselme suppose un homme qui cherche la vérité avec les seules forces de sa raison. Dans le second, il suppose un homme en possession de la vérité qui essaye de s'en rendre compte et de la démontrer aux autres. C'est là que se trouve la preuve de l'existence de Dieu, tirée de l'idée d'être parfait, à laquelle le nom de saint Anselme est attaché et qu'on désigne encore sous le nom de preuve ontologique. Rejetée par les uns comme un vain sophisme, regardée par d'autres comme inattaquable, cette preuve a eu des fortunes diverses : dès le temps de saint Anselme, elle est très habilement combattue par un moine de Marmoutiers, Gaunilon ; elle est rejetée au XIIIᵉ siècle par saint Thomas, et dans les temps modernes par Kant ; d'autre part, Descartes, Fénelon, Spinoza, Leibnitz, la reproduisent, ce dernier toutefois en la complétant.

Le plus ardent adversaire de Roscelin fut Guillaume de Champeaux.

Guillaume de Champeaux naquit au village de ce nom, en Brie, près de Melun, vers le milieu du XIᵉ siècle. Nommé archidiacre de Notre-Dame de Paris, il enseigna avec éclat la philosophie à l'école de la cathédrale, jusqu'en 1108. Vaincu dans une discussion publique par son disciple Abélard, il quitta sa chaire pour embrasser la vie religieuse, fonda l'abbaye et l'école de Saint-Victor, et fut plus tard élevé sur le siège de

Châlons-sur-Marne. Il mourut en 1121, honoré de l'amitié de saint Bernard.

Guillaume de Champeaux combattit le nominalisme de Roscelin; mais, allant au delà du platonisme de saint Anselme, il enseigne un réalisme outré qui touche presque au panthéisme. Selon lui, il n'y a de réel que les universaux qui s'individualisent dans les êtres particuliers, de telle sorte que ceux-ci sont identiques au fond, et ne diffèrent que par les modifications accidentelles de leur commune essence. L'homme, par exemple, est une chose essentiellement une à laquelle s'ajoutent accidentellement certaines formes qui font Socrate. Cette chose, tout en restant la même essentiellement, reçoit de la même manière d'autres formes qui font Platon et les autres individus de l'espèce homme; à part les formes qui s'ajoutent à cette essence pour faire Socrate, il n'y a rien dans Socrate qui ne soit le même en même temps dans Platon, mais sous les formes de Platon.

Pressé par Abélard, Guillaume de Champeaux dut modifier son système; mais il est difficile de préciser quelles furent ces modifications, et son nom reste attaché dans l'histoire au réalisme excessif que nous avons fait connaître.

(c) Conceptualisme. — Abélard.

Pierre Abélard (1079-1142) naquit au village de Pallet, près de Nantes. Disciple de Roscelin d'abord, puis de Guillaume de Champeaux, il se passionna pour les luttes de la dialectique et voulut enseigner à son tour. Son succès fut prodigieux, et il compta autour de sa chaire plus de cinq mille auditeurs, parmi lesquels se trouvait le fougueux *Arnaud de Brescia*. Mais l'arrogance de son caractère, la témérité de ses opinions et les écarts de sa vie privée, répandirent sur sa vie des chagrins sans nombre. Accusé d'hérésie par saint Bernard [1], il fut successivement condamné par les conciles de Soissons et de Sens, puis par Innocent II. Cluny fut le terme de cette vie si agitée; il y mourut dans les exercices de la pénitence en 1142.

Dans la querelle des universaux, Abélard, après avoir réfuté

---

[1] « Cum de Trinitate loquitur, sapit Arium; cum de gratiâ, sapit Pelagium; cum de personâ Christi, sapit Nestorium. » (*Epist.* 192.)

par l'autorité et la raison les réalistes et les nominalistes, adopte une opinion intermédiaire. Pour lui, les universaux ne sont ni des choses ni des mots, mais des *conceptions de l'esprit,* qui, comparant entre eux les êtres particuliers, saisit des analogies et forme ainsi lui-même les collections de propriétés appelées idées générales.

Le système a reçu le nom de conceptualisme. « Sans suivre Abélard dans ses discussions subtiles et obscures, remarquons qu'il dissimule la difficulté plutôt qu'il ne la résout. Dire que les universaux sont une conception de l'esprit, c'est avancer une proposition que personne ne peut songer à contester, ni les réalistes qui en font des choses, ni même les nominalistes qui en font des mots, puisque toute parole est nécessairement l'expression d'une pensée. La vraie question était de savoir si par delà l'entendement qui conçoit les idées générales, par delà les objets individuels entre lesquels se trouvent des ressemblances que les idées générales résument, existe quelque chose qui soit la source commune de ces ressemblances, le type souverain de ces idées. » Cette question, Abélard ne la résout pas directement; mais au fond il nie, comme Roscelin, la réalité des universaux, et le conceptualisme n'est guère qu'une explication du nominalisme.

Abélard a composé de nombreux ouvrages; le plus connu peut-être de ceux qui nous restent est le *Sic et non,* dans lequel il a réuni les opinions opposées des Pères sur toutes les questions controversées. Prédécesseur de Descartes et des rationalistes modernes, il y proclame déjà l'utilité du doute méthodique : *Dubitando enim ad inquisitionem venimus, inquirendo veritatem percipimus,* et intervertit essentiellement les rapports légitimes de la science et de la foi.

(d) Réaction contre les abus de la dialectique.

Au xiie siècle, une réaction se produit contre la dialectique, tombée presque dans le mépris à la suite de discussions subtiles et frivoles.

Hugues et *Richard,* abbés de *Saint-Victor* de Paris, tendent au *mysticisme :* ils reconnaissent la valeur des procédés logiques; mais à ces procédés ils préfèrent, pour arriver à la vérité, la pureté du cœur, l'amour du vrai et l'habitude de la contemplation.

Pierre Lombard, évêque de Paris, surnommé le *maître des sentences*, exerça une immense influence sur le siècle suivant par son *Livre des sentences*, ou recueil des sentiments des Pères sur les principales questions de théologie et de philosophie.

Jean de Salisbury, disciple d'Abélard, se distingue par une critique souvent vigoureuse des vices de l'enseignement scolastique.

DEUXIÈME ÉPOQUE

APOGÉE DE LA SCOLASTIQUE (1200-1300)

Le XIIIᵉ siècle est le siècle brillant du moyen âge; c'est le siècle de Philippe-Auguste et de saint Louis, de Villehardouin et de Joinville, de Notre-Dame de Paris et de la Sainte-Chapelle; c'est aussi le beau siècle de la philosophie scolastique, le siècle de saint Bonaventure et de saint Thomas.

Trois causes ont concouru à imprimer alors au mouvement philosophique un nouvel essor.

Et d'abord la *création des universités*. Fondées en diverses contrées sous la double influence de l'Église et des princes, ces universités avaient allumé dans les âmes une ardeur passionnée pour l'étude, et réunissaient autour d'illustres professeurs une foule innombrable d'écoliers. Les plus célèbres étaient : pour la France, l'université de Paris, qui tient ses statuts de Philippe-Auguste ; pour l'Italie, les universités de Bologne et de Naples ; pour l'Angleterre, celles d'Oxford et de Cambridge; pour l'Allemagne, celle de Cologne; pour l'Espagne, celle de Salamanque.

En second lieu, *l'apparition de deux ordres nouveaux*, celui des franciscains et celui des dominicains. Tous deux rivalisèrent de zèle avec les universités naissantes, et produisirent des docteurs illustres. « En soumettant les esprits à l'autorité de l'Église, ils les fécondèrent tout ensemble et les disciplinèrent, et concoururent ainsi merveilleusement à réaliser l'idée de cette seconde époque de la scolastique, l'alliance de la théologie et de la philosophie. » (Cousin.)

Troisièmement enfin, *l'introduction au sein des écoles des œuvres complètes d'Aristote*. Elles nous vinrent des Arabes. Attirés par la renommée de leurs écoles, quelques Français, amateurs de connaissances nouvelles, et surtout des Juifs, allèrent y puiser un savoir inconnu à l'Occident; ils traduisirent en hébreu les commentaires arabes d'Aristote et les œuvres mêmes d'Aristote (sa *Physique*, sa *Métaphysique*, ses *Morales*, sa *Politique*). Ces traductions, bientôt traduites elles-mêmes en latin, se répandirent de proche en proche jusque dans Paris. On conçoit sans peine la fermentation que l'acquisition de ces nouvelles richesses dut exciter dans toutes les écoles.

Nous ne pouvons faire connaître en détail les théories philosophiques des grands docteurs scolastiques; elles demanderaient, pour être bien comprises, l'exposé de leur théologie; nous nous bornerons à quelques indications. *Saint Bonaventure, saint Thomas, Duns Scot*, sont les docteurs les plus illustres de ce siècle; mais nous devrons mentionner aussi Alexandre de Halès, Vincent de Beauvais, Albert le Grand, Raymond Lulle et Roger Bacon.

ALEXANDRE DE HALÈS, *doctor irrefragabilis* († 1245), fut le maître de saint Bonaventure. Sa *Somme de théologie*, rédigée sur le plan du *Livre des sentences*, et imposée comme manuel par le souverain pontife, est le premier exemple de la méthode d'argumentation syllogistique adoptée par ses successeurs.

VINCENT DE BEAUVAIS (1200-1264), dominicain et lecteur de saint Louis, a résumé toutes les connaissances connues de son temps dans le *Speculum majus*, composé de trois parties : *speculum naturale* [1], *speculum doctrinale, speculum historicum*, auxquelles on ajoute souvent le *speculum morale*, qui ne se trouve pas dans les plus anciens manuscrits.

Albert le Grand, *doctor universalis* (1205-1280), eut la gloire de compter saint Thomas parmi ses disciples. C'est un compilateur infatigable; les monuments de la philosophie orientale et de la philosophie péripatéticienne lui sont familiers; les sciences naturelles elles-mêmes n'ont pour lui aucun secret. Ses ouvrages sont très nombreux.

Saint Bonaventure, *doctor seraphicus* (1221-1274). Jean de Fidanza, plus connu sous le nom de saint Bonaventure, naquit à Bagnarea, en Toscane, en 1221. Il entra dans l'ordre des frères mineurs, et fut envoyé à Paris pour étudier sous

---

[1] Le *Speculum naturale* se divise en trente-deux livres et trois mille sept cent dix-huit chapitres.

Alexandre de Halès. Plus tard il devint général de son ordre
et fut élevé au cardinalat par Grégoire X. Il mourut au concile
de Lyon, qu'il présidait (1274).

Saint Bonaventure continua les traditions de l'école mystique de saint Victor; pour lui le but de la science aussi bien
que de la vertu est de conduire l'âme à l'union la plus intime
avec Dieu. Ses ouvrages forment sept volumes in-folio, mais
sa doctrine philosophique est principalement renfermée dans
deux opuscules assez courts intitulés : *Reductio artium ad
theologiam* et *Itinerarium mentis ad Deum*. Dans le premier,
le saint docteur, après avoir distingué un grand nombre de
sciences particulières, s'attache à montrer comment elles peuvent être toutes ramenées à la théologie. Dans le second, il décrit
les six degrés de l'échelle mystique par laquelle l'âme déchue
peut s'élever jusqu'à Dieu : les deux premiers consistent dans
la considération du monde extérieur, qui renferme des vestiges
de la sagesse, de la puissance et de la bonté du Créateur; les
deux suivants, dans la considération de notre âme, dont les
diverses puissances, mémoire, intelligence et amour, nous
offrent une image des attributs divins; enfin, les deux derniers, dans la contemplation immédiate de l'essence divine et
de la trinité des personnes.

Saint Thomas d'Aquin, *doctor angelicus* (1227-1274). Né
d'une noble famille, à Aquino, dans le royaume de Naples,
saint Thomas fit ses premières études au Mont-Cassin. Entré
plus tard, malgré l'opposition de ses parents, dans l'ordre de
Saint-Dominique, il fut envoyé à Cologne, afin d'y étudier la
philosophie et la théologie sous Albert le Grand. Il vint de là
enseigner à Paris, où il vécut dans l'intimité de saint Louis.
Bientôt sa réputation s'accrut à tel point, qu'un grand nombre
de villes se disputèrent l'honneur de l'entendre. Il demeura
toujours modeste au milieu de ses succès et mourut en se rendant au concile de Lyon (1274).

Les œuvres de saint Thomas, imprimées par ordre de Sixte
Quint en dix-huit volumes in-folio, comprennent, outre la
Somme de philosophie, la *Somme de théologie* et de nombreux
commentaires sur divers traités d'Aristote, sur le *Livre des
sentences* et sur les quatre Évangiles, etc. etc., divers opuscules, entre autres l'*Office du saint Sacrement*.

La *Somme de théologie*, qu'on a appelée le *Testament du*

moyen âge, est le chef-d'œuvre de ce puissant génie, et « comprend, dit Cousin, avec une haute métaphysique, un système entier de morale et même de politique, et d'une politique qui n'est nullement servile ». L'ouvrage se divise en trois parties : la première traite de Dieu; la deuxième, de l'homme dans sa tendance vers Dieu; la troisième, de Jésus-Christ médiateur entre l'homme et Dieu. — Dans la première, il considère Dieu sous un triple point de vue : dans l'unité de son essence, dans la trinité de ses personnes, dans la production et la conservation des créatures. — La seconde partie est un traité complet de morale et se subdivise en deux autres, dont la première, *Prima secundæ,* comprend la morale générale, c'est-à-dire ce qui se rapporte soit à la fin dernière de l'homme, soit aux actes par lesquels il y doit tendre, et la seconde, *Secunda secundæ,* la morale spéciale, c'est-à-dire tout ce qui concerne les vertus particulières et les devoirs propres à chaque condition. — Dans la troisième partie il étudie successivement Jésus-Christ, principe de la vie surnaturelle qui doit unir l'homme à Dieu, les sacrements qui nous communiquent cette vie, la résurrection glorieuse qui en est le dernier effet. Saint Thomas, surpris par la mort, ne put achever lui-même cette dernière partie; mais le supplément qui complète son œuvre est composé d'extraits empruntés à ses autres ouvrages.

Saint Thomas est considéré à juste titre comme le plus grand théologien et le plus grand philosophe du moyen âge. Ce qui le distingue, c'est surtout l'étendue de sa science, l'exactitude de ses définitions, la clarté et la méthode avec lesquelles il expose ses doctrines. Son style, qui manque d'éclat et d'élégance, est d'une fermeté, d'une rigueur, d'une précision qui ne fléchissent jamais. « Toute sa philosophie, profondément imprégnée de péripatétisme et de catholicisme, forme une œuvre qui paraît en quelque sorte impersonnelle, mais qui demeure, comme en dehors de tous les systèmes, l'une des expressions les plus puissantes de la philosophie spiritualiste. » (Joly.)

Jean Duns Scot, *doctor subtilis* (1275-1308), naquit dans la Grande-Bretagne, et étudia d'abord à l'université d'Oxford. Devenu, selon l'expression de son biographe, « la lumière brillante de l'ordre des franciscains, » dans lequel il était entré, il vint enseigner à Paris, puis à Cologne, où il mourut à

l'âge de trente-quatre ans, après avoir composé de nombreux
ouvrages.

Duns Scot est sur une foule de points l'adversaire déclaré
de la doctrine de saint Thomas. Il eut ses partisans, comme
saint Thomas avait les siens; de là les ardentes discussions
des scotistes et des thomistes, qui sont restées célèbres dans
l'histoire de la scolastique.

En philosophie, Duns Scot exagère le réalisme : pour lui
les universaux sont des *entités substantielles* indépendantes de
l'esprit qui les conçoit; une autre entité positive, l'*hœccéité*,
en s'unissant aux universaux, détermine les êtres particuliers.
Ainsi Pierre est un individu, parce que la *pétréité* vient s'unir
à l'*humanité*. Il admet aussi la liberté d'indifférence, et prétend
que Dieu s'est déterminé à créer indépendamment de tout
motif, que sa volonté n'est soumise à aucune loi, qu'elle est le
principe absolu de toute vérité comme de toute moralité.

Les travaux de deux hommes extraordinaires, Roger Bacon
et Raymond Lulle, signalent la fin de cette seconde époque du
moyen âge.

Roger Bacon, *doctor mirabilis* (1204-1292), de l'ordre des
franciscains, est un homme à part au xiiie siècle, réformateur
hardi, savant passionné pour l'étude des sciences physiques
et mathématiques, comme pour celle des langues. Il naquit
à Ilchester, dans le comté de Somerset, et étudia d'abord
à Oxford, puis à Paris.

Précurseur de François Bacon, il comprit que la méthode
scolastique, appliquée aux sciences physiques, ne donnerait
jamais une explication satisfaisante des phénomènes, et qu'il
fallait recourir à l'observation et à l'expérimentation. Il a lui-
même fait de nombreuses expériences, quelques découvertes
remarquables, celle de la poudre, dit-on; et dans son *Opus
majus,* dont il a donné diverses rédactions, on trouve annon-
cées et décrites avec précision plusieurs inventions dont s'enor-
gueillissent les temps modernes, telles que celles des bateaux
sans rameurs, des chars sans attelage, des ponts sans piles, des
appareils propres à la navigation aérienne, etc.

Raymond Lulle, *doctor illuminatus* (1234-1315), né à Palma,
dans l'île de Majorque, est un esprit ardent, qui prit l'habit de
Saint-François sans prononcer les vœux, et rêva de convertir
les infidèles avec Aristote. Il prétendait avoir reçu du Ciel pour

cette mission le grand art, *ars magna*, espèce de machine dialectique, où toutes les idées de genre sont distribuées et clas-
sées, de sorte qu'on peut se procurer à volonté, dans tel ou tel
cercle, tel ou tel principe. Raymond Lulle fut mis à mort par
les Maures dans un second voyage qu'il fit à Tunis.

TROISIÈME ÉPOQUE

DÉCADENCE DE LA SCOLASTIQUE (1300-1453)

Avec l'esprit d'indépendance qui se fait jour au XIVᵉ siècle,
commence la décadence de la scolastique. Dans cette troisième
époque de la période du moyen âge, qui occupe le XIVᵉ siècle
et la première moitié du XVᵉ, nous pouvons distinguer un
double mouvement philosophique : un *mouvement nominaliste*, dont Guillaume d'Occam est le principal auteur; un
mouvement mystique, dont Gerson est le plus illustre représentant.

I. — Mouvement nominaliste. — Guillaume d'Occam.

Pendant la seconde époque du moyen âge, la controverse
des universaux ne semble pas avoir agité les esprits; le réalisme triomphe; saint Thomas et Duns Scot, bien qu'ils ne
s'accordent pas sur la réalité qu'il convient d'attribuer aux
genres, s'unissent pour condamner le nominalisme et le conceptualisme, qu'ils ne séparent point. Au commencement du
XIVᵉ siècle, les exagérations de Duns Scot et de quelques-uns
de ses disciples fournissent à Guillaume d'Occam l'occasion de
remettre en honneur la thèse nominaliste, qu'il soutint avec
éclat.

Guillaume d'Occam, ainsi appelé du lieu de sa naissance
dans le comté de Surrey, était franciscain, et professait à Paris,
sous Philippe le Bel. Il prit parti pour ce prince contre Boni-
face VIII, puis pour l'empereur de Bavière, auquel il écrivait :
Tu me defendas gladio, ego te defendam calamo. Il mourut à
la cour de ce dernier en 1347.

Guillaume d'Occam, *doctor invincibilis, princeps nomina-
lium,* combat avec acharnement le réalisme. Pour lui, rien de
réel que les êtres matériels et l'esprit de l'homme qui les conçoit; il s'attaque principalement aux entités substantielles des

scotistes, et s'efforce de démontrer que les idées générales n'ont aucune réalité ni dans les choses ni dans l'intelligence divine, qu'elles sont de pures abstractions ; d'où cette conséquence qui le rapprochait de Duns Scot, à savoir : que le vrai et le bien dépendent uniquement du bon plaisir de Dieu.

Parmi les tenants du nominalisme, bornons-nous à mentionner : *Jean de Buridan* († 1360), célèbre par ses recherches sur le libre arbitre. L'argument auquel son nom est attaché n'est point dans ses ouvrages, et semble n'être qu'un moyen imaginé par ses adversaires pour tourner en ridicule son déterminisme. — *Pierre d'Ailly* († 1425), le maître de Gerson.

Le **Réalisme** eut aussi ses défenseurs, qu'on peut ranger en deux groupes :

Les uns, *rigides disciples de Duns Scot*, soutinrent le réalisme absolu, comme François de Mayronis († 1325), Nicolas de Orbellis († 1455);

Les autres, *plutôt disciples de saint Thomas*, adoptèrent un réalisme mitigé, comme Agidius Colonna († 1316), Gautier Burley († 1357), Thomas de Strasbourg († 1357). A ces derniers il faut joindre le nom de *Dante* († 1321), appelé par Ozanam le saint Thomas de la poésie.

II. — Mouvement mystique. — Gerson.

A la suite de ces discussions ardentes, soulevées par la polémique du nominalisme contre le réalisme, et continuées pendant un siècle, nous voyons se produire, non pas le scepticisme proprement dit, — la foi préservait les intelligences de cette erreur, — mais un certain mépris pour l'argumentation syllogistique et pour la logique elle-même. On se prend à douter de sa puissance ; de là une nouvelle tendance des esprits, un nouveau mouvement philosophique, le mysticisme, auquel prennent part bon nombre des hommes remarquables du xv° siècle.

Dans la première époque du moyen âge, au xii° siècle, nous avons vu déjà Hugues et Richard de Saint-Victor incliner au mysticisme. Dans la seconde époque, au xiii° siècle, saint Bonaventure lui donne un caractère déjà plus prononcé. A l'époque que nous étudions, à la fin du xiv° siècle et au commencement du XVᵉ, le mysticisme, se séparant de tous les autres systèmes, acquiert la conscience de lui-même, s'appelle par son nom et expose sa propre théorie.

Ses principaux représentants sont : Tauler († 1361) en Allemagne; *Pétrarque* († 1372) en Italie; *Raymond Sébonde,* († 1432) en Espagne, et surtout *Gerson* en France.

Jean Gerson, *doctor christianissimus* (1363-1429). — Jean Charlier, de Gerson, dans le diocèse de Reims, fut disciple de Pierre d'Ailly, et lui succéda dans la charge de chancelier de l'Université de Paris. Après avoir pris part aux tristes événements qui agitèrent l'Église et l'État au commencement du XVᵉ siècle, Gerson se retira vers la fin de sa vie à Lyon, au couvent des Célestins, et s'adonna à l'éducation de pauvres enfants, auxquels il faisait chaque jour répéter cette humble prière : « Mon Dieu, mon Créateur, ayez pitié de votre serviteur Jean Gerson. »

Gerson a composé un grand nombre d'ouvrages ; le plus important a pour titre : *Theologia mystica*. Il y expose la *nature,* les *effets* et l'*excellence* de la théologie mystique, en la comparant à la théologie spéculative. — La théologie mystique, dit Gerson, ne repose point comme les autres sciences sur le raisonnement, ni même sur la raison pure ; elle ne procède point par voie d'analyse et d'argumentation ; c'est une connaissance expérimentale de Dieu, et l'expérience qu'elle invoque n'est pas celle des sens, mais l'expérience des faits qui se passent dans le plus intime de l'âme religieuse ; elle est plutôt le fruit de la pureté du cœur et de l'amour que des recherches laborieuses de l'entendement. — La théologie mystique produit plusieurs effets merveilleux : les ravissements, les extases et la quiétude dans l'union de l'intelligence et du cœur avec Dieu, souveraine vérité et souverain bien. — La supériorité de cette théologie mystique sur la théologie spéculative est d'ailleurs évidente : pour l'acquérir, on n'a pas besoin d'être savant, il suffit d'être homme de bien ; elle ne parle pas seulement à l'intelligence, mais au cœur, en y faisant naître l'amour; elle se suffit à elle-même, et peut se passer de la théologie spéculative, qui reste au contraire défectueuse, tant que l'amour n'a pas échauffé ses froides abstractions ; enfin, seule la théologie mystique donne à l'âme la paix et le bonheur, seule elle conduit à Dieu.

Citons encore, parmi les mystiques de cette époque: *Thomas A Kempis*, chanoine régulier de l'ordre de Saint-Augustin, mort en 1471, auteur présumé du livre admirable de l'*Imitation de Jésus-Christ*, que plusieurs critiques attribuent à notre Gerson, d'autres enfin à un certain Jean Gerson, abbé de Verceil.

Il n'est pas inutile de remarquer, en terminant, que Gerson et les autres philosophes contemplatifs du moyen âge ne tombent point dans les exagérations du mysticisme proprement dit, qui rejette l'autorité de la raison humaine; ils reconnaissent la certitude des procédés rationnels, mais leur préfèrent les opérations de l'amour.

Remarque sur la philosophie scolastique. — On a beaucoup critiqué la philosophie scolastique; reconnaissons pourtant que l'alliance étroite de la raison et de la foi sauvegarde pendant le moyen âge les gran   érités morales et religieuses qui sont la base de toute saine philosophie. — Les systèmes exclusifs auxquels l'esprit humain semble naturellement aboutir ne laissent pas, il est vrai, de se produire au moyen âge, comme dans la première période de l'histoire de la philosophie; mais l'erreur, soumise à la surveillance active et puissante de l'autorité ecclésiastique, est circonscrite dans d'étroites limites, et ne peut aller jusqu'aux conséquences extrêmes que, logiquement, elle devrait engendrer. C'est ainsi que le matérialisme se réduit au nominalisme d'Occam, l'idéalisme au réalisme absolu des disciples de Duns Scot, le scepticisme au décri de la forme syllogistique, l'illuminisme enfin au mysticisme parfaitement orthodoxe de Gerson. — L'importance donnée au mécanisme des preuves fit quelquefois oublier le prin ipal pour l'accessoire, mais on ne peut nier que l'emploi du syllogisme n'ait donné aux intelligences une vigueur incomparable et des habitudes précieuses de méthode et de clarté. Le génie moderne, le génie français surtout a hérité de ces qualités, qui ont passé dans notre langue et en ont fait la langue de la hilosophie.

PÉRIODE DE TRANSITION

LA RENAISSANCE (1453-1600)

———∘☆∘———

La philosophie de la Renaissance, dit Cousin, peut se définir : « L'éducation de la pensée moderne par la pensée antique. »

Indépendamment de la mobilité et de la soif de nouveautés toujours inhérentes à l'esprit humain, l'histoire assigne deux causes à ce mouvement philosophique, « transition, du reste sans originalité et sans grandeur, mais *utile* et même *nécessaire* (?), de l'assujettissement de la philosophie scolastique à l'entière indépendance de la philosophie moderne. » La première fut l'*invention de l'imprimerie*, qui, en multipliant les livres, donna à la pensée un moyen plus facile et plus prompt de se communiquer. La seconde fut l'*émigration des Grecs* en Occident, après la prise de Constantinople par les Turcs. « On possède enfin Aristote, on acquiert Platon, on lit dans leur langue ces deux grands esprits; on s'enchante, on s'enivre de ces magnifiques découvertes, on devient platonicien, péripatéticien, pythagoricien, épicurien, stoïcien, alexandrin; on n'est presque plus chrétien, et assez peu philosophe; on est savant avec plus ou moins d'imagination et d'enthousiasme; on est plein d'esprit, on a peu de génie. » (Cousin.)

Une double tendance caractérise cette époque de l'histoire de la philosophie : 1º la *renaissance des diverses écoles de la Grèce;* 2º la *réaction contre la scolastique*, accompagnée de quelques *essais de philosophie indépendante.*

I. — RENAISSANCE DE LA PHILOSOPHIE GRECQUE

École pythagoricienne. — Elle est représentée par le cardinal Nicolas de Cuss (1401-1464), qui tente une fusion entre les mathématiques et la métaphysique, et renouvelle la théorie des nombres de Pythagore. On doit lui reconnaître la gloire d'avoir, avant Copernic et Galilée, essayé de faire revivre l'hypothèse pythagoricienne du mouvement de la terre autour du soleil.

Ce sont surtout les deux grands génies de la Grèce, Platon et Aristote, qu'on étudie avec une ardeur incomparable, et le premier, jusque-là moins connu, excite généralement plus d'enthousiasme que le second.

École platonicienne. — Les principaux platoniciens des xve et xvie siècles sont :

Le cardinal BESSARION (1395-1472), Grec d'origine, l'un des premiers qui fit connaître en Occident la doctrine de Platon.

MARSILLE FICIN (1433-1489), de Florence, qui fut le véritable chef d'une nouvelle académie, et donna une traduction latine de Platon, « digne à tous égards du plus grand respect. » (Cousin.) Il manque de critique, interprète Platon à la manière des alexandrins, et s'efforce de concilier des vérités philosophiques déjà disparates avec les croyances du christianisme.

JEAN PIC DE LA MIRANDOLE (1463-1494), élève de Ficin, génie précoce et prodigieux, qui se proposait de soutenir à Rome neuf cents thèses, *de omni re scibili*, et qui offrait aux savants de payer les frais de leur voyage.

JEAN REUCHLIN (1455-1522), de Sforzheim, qui joignit Pythagore à Platon, et s'occupa beaucoup d'alchimie.

FRANÇOIS PATRIZZI (1529-1597), qui tenta une conciliation entre Aristote et Platon.

Il faut joindre à ces noms ceux de quelques humanistes : *Ange Politien* (1454-1491), *Érasme* (1467-1536), *Bembo* (1470-1547), *Sadolet* (1477-1547).

École péripatéticienne. — En même temps qu'on opposait Platon à Aristote, on cherchait aussi à opposer Aristote à lui-même; ses interprètes se divisèrent en deux groupes : celui des *averrhoïstes,* qui s'attachait au commentaire *panthéiste* du philosophe arabe Averrhoès; et celui des *alexandristes,* qui s'en tenait au *sens déiste* du commentateur ancien, Alexandre d'Aphrodise.

Les **averrhoïstes** les plus connus sont : — *Alexandre Achillini* (1463-1512), de Bologne, qui a laissé des commentaires sur Aristote et un traité d'anatomie; — *André Césalpini* (1519-1603), d'Arezzo, qui a essayé une classification des plantes.

Parmi les alexandristes, on remarque surtout *Pierre Pom-
ponace* (1462-1525), fondateur de l'école péripatéticienne de
Padoue, qui prétend qu'Aristote n'a point admis l'immortalité
personnelle, et qui s'efforce de justifier cette opinion, au point
de vue moral, comme plus favorable à l'absolu désintéressement
de la vertu.

Quelques humanistes, entre autres *Jules-César Scaliger*
(1484-1558), suivirent le mouvement péripatéticien.

II. — RÉACTION CONTRE LA SCOLASTIQUE ET ESSAIS DE
PHILOSOPHIE INDÉPENDANTE

A la réaction qui éclata à la fin du XVᵉ siècle et pendant le
XVIᵉ contre Aristote et la scolastique, se mêlèrent quelques
essais de panthéisme, d'athéisme, d'illuminisme et de scepticisme. Indiquons les noms les plus connus qui se rattachent
à ce mouvement philosophique.

Réaction contre la scolastique. — PIERRE RAMUS ou
la Ramée, du Vermandois (1502-1572), est le premier anta-
goniste d'Aristote dans l'université de Paris. L'acharnement
avec lequel il combattit la logique d'Aristote et la scolastique
lui attira de nombreux ennemis en France et en Allemagne.
Son rival, Charpentier, parvint à l'envelopper dans le mas-
sacre de la Saint-Barthélemy.

TELESIO (1588-1588), de Cosenza, en Calabre, s'éleva lui
aussi contre la doctrine d'Aristote, particulièrement contre sa
physique, et donna sur la constitution du monde une théorie
qui rappelle de loin celle d'Anaxagore.

Les idées de Telesio furent adoptées avec quelques modifications par THOMAS CAMPANELLA (1568-1639). Tous les deux
peuvent être considérés comme les précurseurs de François
Bacon.

Panthéisme. — JORDANO BRUNO (1550-1600), de Nole,
en Campanie, est l'auteur d'un panthéisme assez semblable
à celui des Éléates : « Dieu n'est pas un être séparé du monde ;
il est l'Unité infinie, et par conséquent l'Unité enveloppant une
multiplicité sans bornes dans sa puissance féconde, conciliant
en soi tous les contraires. Comme du grain de froment jaillit
l'épi, toute existence procède du germe universel pour se multiplier et s'épanouir à l'image de Dieu même. »

Athéisme. — JULES VANINI (1584-1619), de Taurino, près de Naples, qu'on dit avoir été brûlé vif à Toulouse, fut coupable d'enseigner l'athéisme et de corrompre les mœurs.

Illuminisme. — BOMBAST DE HOHENHEIM, plus connu sous le nom de *Paracelse* (1493-1541), professa une sorte d'illuminisme fondé sur la communication directe de l'âme avec Dieu; il se montra grand partisan de la magie et de toutes les sciences occultes. — Il eut pour adhérents *Jérôme Cardan, Van Helmont, Robert Fludd*, et surtout le célèbre cordonnier de Gorlitz, *Jacob Bœhme* (1575-1624).

Scepticisme. — Le scepticisme eut aussi ses représentants : — MICHEL MONTAIGNE (1533-1592), de Bordeaux, l'auteur des *Essais*, sceptique par une sorte d'inclination naturelle qui lui fait regarder le doute comme « l'oreiller le plus commode à une tête bien faite ». — Un ami et un disciple de Montaigne, *Pierre Charron*, de Paris (1541-1603), érigea ce doute littéraire en système philosophique, dans un livre qu'il décora du titre de *Sagesse*. — Enfin *Sanchez* (1562-1632), originaire de Portugal, publia un ouvrage avec le titre : *De multum nobili, et prima universali scientia, quod nihil scitur*.

Défaut d'unité, défaut de critique, tels sont, d'après Cousin, les deux vices essentiels de la philosophie païenne de la Renaissance.

TROISIÈME PÉRIODE

PHILOSOPHIE DES TEMPS MODERNES

DEPUIS BACON JUSQU'A NOUS

——⋙✳⋘——

Deux traits distinguent la philosophie moderne : d'une part, le goût de plus en plus marqué de l'*indépendance* ; de l'autre, l'importance donnée à la question des *méthodes*.

1° La philosophie moderne, en effet, s'affranchit du respect de l'antiquité que la Renaissance avait poussé à l'excès. Par une réaction trop ordinaire, tous les philosophes de l'ère nouvelle, Bacon, Gassendi et Leibnitz exceptés, n'ont aucune connaissance des anciens et souvent professent pour eux le plus profond mépris. La philosophie moderne s'affranchit encore de l'autorité de l'Église respectée durant tout le moyen âge. Elle se sépare absolument de la théologie, abandonne à cette dernière science les vérités surnaturelles et s'attache aux vérités directement accessibles à la raison ; mais, dans ce domaine, elle se prétend souveraine et indépendante.

2° Un autre caractère de la philosophie moderne est, avons-nous dit, l'importance donnée à la question de la méthode. La Renaissance s'en était peu préoccupée, et la scolastique avait accepté le procédé syllogistique sans songer à autre chose. Dès le commencement de la philosophie moderne cette question de la méthode est posée ; l'induction dispute l'empire au syllogisme, et souvent l'expérience obtiendra la préférence sur le raisonnement.

La période philosophique dans laquelle nous entrons commence avec le xviiᵉ siècle et se prolonge jusqu'à nos jours.

Elle comprend trois siècles, et nous la diviserons tout naturellement en trois époques dont la première correspondra au XVIIᵉ siècle, la seconde au XVIIIᵉ et la troisième au XIXᵉ.

PREMIÈRE ÉPOQUE

XVIIᵉ SIÈCLE

Deux hommes ouvrent la philosophie au XVIIᵉ siècle et la constituent, Bacon et Descartes. Tous les deux se sont posés en réformateurs et se sont préoccupés du choix d'une méthode; tous deux étaient laïques, tous deux dans leur langue éminents écrivains: voilà leur unité. Mais sous cette unité il y a des différences manifestes : Bacon s'est particulièrement occupé de physique, Descartes de métaphysique; le premier se fie davantage au témoignage des sens, le second à celui de la raison. De là deux écoles rivales et opposées, l'une *empirique*, l'autre *rationaliste*, contre lesquelles se produisirent en différents sens plusieurs *réactions* plus ou moins importantes. (Cousin.)

Le mouvement philosophique du XVIIᵉ siècle comprend donc :

1º Un mouvement empirique. — École de Bacon.

2º Un mouvement rationaliste. — École de Descartes.

3º Un mouvement réactif dans lequel nous devons faire une place à part à Leibniz.

I. — ÉCOLE EMPIRIQUE DE BACON

I. — Bacon.

Notice biographique — FRANÇOIS BACON, fils de Nicolas Bacon, savant jurisconsulte, et d'Anna Cook, naquit à Londres le 22 janvier 1560. Les belles qualités de son intelligence se manifestèrent de très bonne heure ; mais son caractère n'était pas aussi beau que son génie. Ce fut « en rampant et par de tristes menées » qu'il devint successivement avocat au conseil extraordinaire de la reine, avocat ordinaire du roi Jacques Iᵉʳ, procureur général, membre du conseil privé, garde du grand sceau, enfin grand chancelier, baron de Verulam et vicomte de Saint-Alban.

Deux taches ternissent principalement sa mémoire: l'ingratitude qu'il fit paraître en se faisant l'accusateur du comte d'Essex, son bienfaiteur, la vénalité et la concussion dont il se rendit coupable dans l'exercice de ses hautes fonctions.

Accusé devant le parlement, qui le condamna à être enfermé dans la Tour, il fut gracié par le roi, mais quitta la vie publique (1621) et ne s'occupa, jusqu'à sa mort (1626), que de ses projets de réforme scientifique.

Ouvrages. — Le principal titre de gloire de Bacon est son *Instauratio magna,* qui devait renfermer six parties : 1º *de Dignitate et augmentis scientiarum ;* 2º *Novum organum;* 3º *Historia naturalis;* 4º *Scala intellectus ;* 5º *Anticipationes philosophiæ;* 6º *Philosophia activa.* Il n'a écrit que les deux premières, la seconde même est inachevée, les autres à peine ébauchées en divers opuscules relatifs aux sciences physiques: *Histoire des vents, Histoire de la vie et de la mort, de la Densité et de la rareté, de la Pesanteur et de la légèreté, Histoire du son,* etc. Bacon a encore écrit des *Essais de morale et de politique,* et une *Histoire de Henri VII.*

Pour apprécier complètement Bacon, il faudrait distinguer en lui l'homme privé, le jurisconsulte, le politique, l'orateur, l'écrivain, l'historien et le philosophe; mais le philosophe seul doit nous occuper.

PHILOSOPHIE DE BACON

Bacon veut réformer la science, tel est son *but* avoué. Elle est spéculative, il veut qu'elle soit pratique, qu'au lieu de nous apprendre à discuter avec un adversaire, elle nous enseigne à connaître la nature pour la soumettre à notre empire. C'est à cette fin que tend l'*Instauratio magna,* et pour connaître les idées philosophiques de Bacon, il suffit d'analyser les deux premières parties de ce grand ouvrage.

ANALYSE DE LA PREMIÈRE PARTIE. — Le *de Dignitate et augmentis scientiarum* se divise en plusieurs livres :

Dans le premier (*de Dignitate*), Bacon, après avoir détruit les objections qu'on a coutume de faire contre la science, en montre l'excellence et l'utilité par le double témoignage divin et humain.

Les livres suivants (*de Augmentis*) sont consacrés à une *classification des sciences* ou, selon son expression, à une description du globe intellectuel, que nous résumons dans le tableau suivant :

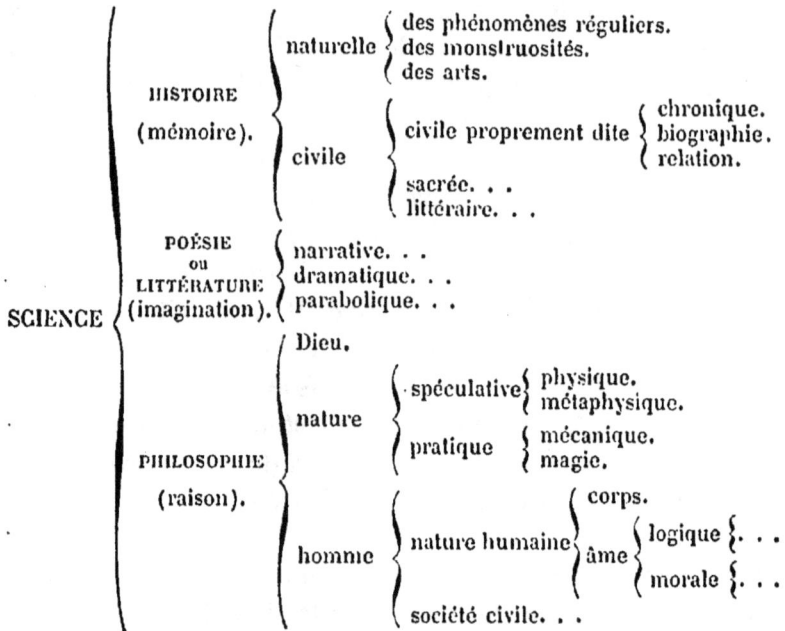

SCIENCE

- HISTOIRE (mémoire).
  - naturelle
    - des phénomènes réguliers.
    - des monstruosités.
    - des arts.
  - civile
    - civile proprement dite
      - chronique.
      - biographie.
      - relation.
    - sacrée. . .
    - littéraire. . .
- POÉSIE ou LITTÉRATURE (imagination).
  - narrative. . .
  - dramatique. . .
  - parabolique. . .
- PHILOSOPHIE (raison).
  - Dieu.
  - nature
    - spéculative
      - physique.
      - métaphysique.
    - pratique
      - mécanique.
      - magie.
  - homme
    - nature humaine
      - corps.
      - âme
        - logique {. . .
        - morale {. . .
    - société civile. . .

Cette classification a le défaut de reposer sur la distinction de nos facultés plutôt que sur la diversité des objets de nos connaissances, et de renfermer des divisions qui rentrent souvent les unes dans les autres; mais on ne saurait lui refuser le mérite d'avoir marqué la place de nombreuses sciences que l'esprit humain devait créer.

ANALYSE DE LA SECONDE PARTIE. — Le *Novum organum*, qui contient la *méthode* à suivre dans l'étude des sciences, est rédigé sous forme d'aphorismes et comprend deux livres :

Le *premier* (*Pars destruens*) renferme la partie destructive de la nouvelle logique; c'est l'énumération des diverses erreurs contre lesquelles nous devons nous tenir en garde et que nous avons fait connaître dans le cours de philosophie: *idola tribus, idola specus, idola fori, idola theatri.*

Bacon insiste sur les erreurs philosophiques et rejette également la philosophie *sophistique* (araignée), qui part de principes incertains; la philosophie *empirique* (fourmi), qui part de l'expérience, mais ne la dépasse pas; et la philosophie *superstitieuse*, qui confond les choses naturelles et surnaturelles.

Le *second livre* du *Novum organum* (*pars ædificans*) expose les procédés que la science doit suivre pour arriver à la connaissance des lois de la nature. Bacon en indique trois principaux : — 1° observer, expérimenter et enregistrer les faits tels qu'ils se produisent; ces faits, ainsi recueillis, sont ce que Bacon appelle *instantiæ naturæ;* — 2° dresser les tables d'*absence*, de *présence* et de *degré*, dans lesquels les faits sont classés méthodiquement; c'est ce que Bacon appelle *comparationes instantiarum;* — 3° enfin tenter l'*interprétation de la nature* en procédant par l'*exclusion* des explications manifestement fausses, par une *ébauche d'interprétation* (hypothèses probables), pour arriver ensuite par l'*induction proprement dite* à la détermination des lois des phénomènes, c'est-à-dire de leurs conditions essentielles, car tel est pour Bacon l'objet propre de la physique; la recherche des *causes efficientes* et des *causes finales* appartient à la métaphysique.

Bacon ne s'arrête pas à ces vues générales, il trace les règles d'une induction légitime et parfaite. Ces règles, au nombre de neuf, subdivisées en un grand nombre de préceptes, forment autant de catégories pratiques que Bacon oppose aux catégories logiques d'Aristote; mais cette partie est inachevée.

Appréciation. — Rien de plus opposé que les jugements portés sur le mérite philosophique de Bacon. La vérité est ici entre les extrêmes.

La méthode expérimentale exposée dans le *Novum organum* est la vraie méthode que doivent suivre les sciences qui ont pour objet le contingent. Il serait injuste de la juger par les résultats que Bacon a obtenus personnellement; il a bien inventé quelques appareils, fait quelques expériences ingénieuses, mais son but était moins de faire des découvertes que de tracer la voie à suivre pour en faire; aussi lui-même se compare tantôt à ces statues de Mercure qui montrent le chemin sans marcher elles-mêmes, tantôt au trompette qui sonne la charge sans combattre. Il faut voir quels résultats a produits cette méthode entre les mains de ses successeurs; or il est incontestable qu'on lui doit les progrès des sciences physiques. Toutefois il faut reconnaître que Bacon ne l'a pas inventée;

elle était connue avant lui. Sa gloire est de l'avoir mise en
lumière, de lui avoir donné des règles précises.

Comme procédé philosophique, la méthode de Bacon est
incomplète; elle n'est pas applicable aux sciences métaphysiques, qui doivent être traitées par la déduction; c'est là le
plus grave reproche qu'on puisse adresser à son auteur, qui
prétend en faire la loi générale de l'esprit humain. De plus,
Bacon a le tort de ne point appliquer sa méthode aux sciences
psychologiques, de négliger, d'exclure en quelque sorte l'étude
des faits internes; de là cette qualification de *père du sensualisme*, que lui ont valu ses tendances, bien que nulle part il
ne formule nettement le principe de cette erreur.

Quant aux accusations d'athéisme et de négation des causes
finales, elles ne nous paraissent pas fondées. Bacon juge inutile la recherche des causes finales (*causarum finalium inqui-
sitio sterilis est, et tanquam Virgo Deo consecrata, nihil parit*)
et en renvoie l'étude à la métaphysique, mais il ne les nie pas.
Il n'a jamais nié non plus l'existence de Dieu; loin de là, il
admet la révélation; et pour le justifier, il suffit de dire qu'il
est l'auteur de cette parole si souvent citée : *Certissimum est et
experientia comprobatum, leves gustus in philosophia movere
fortasse ad atheismum, sed pleniores haustus ad Religionem
reducere.*

Nous n'ajouterons rien à ce que nous avons dit de la classification des sciences fondée sur la distinction de nos facultés.
Après avoir eu un grand retentissement à la fin du siècle dernier, elle est à peu près tombée dans l'oubli.

« A l'école de Bacon se rattache immédiatement Hobbes et
successivement Gassendi et Locke. On peut dire que ces trois
hommes ont transporté l'esprit de Bacon dans toutes les parties
de la philosophie, et qu'ils se sont comme partagé les divers
points de vue de leur commune école. Hobbes en est le moraliste et le politique, Gassendi l'érudit et le physicien, Locke
le métaphysicien. » (Cousin.)

II. — Hobbes.

THOMAS HOBBES (1588-1679) naquit à Malmesbury, dans le
comté de Wilts, et étudia à l'université d'Oxford. Il eut des
relations avec Gassendi, Galilée, Descartes; mais il est avant

tout disciple de Bacon, dont il se distingue cependant par l'emploi du raisonnement déductif.

Ses deux principaux ouvrages sont le *De cive*, composé de trois partiès : la liberté, l'empire et la religion, et le *Leviathan* ou traité de la Cité. Il a composé en outre un *Traité de la nature humaine,* une *Logique* et plusieurs autres ouvrages.

Sa doctrine. — Partant de ce principe que les sens sont l'unique source de la connaissance, Hobbes conclut que l'incorporel est inintelligible et doit être rejeté comme une chimère. La philosophie est donc la *science des corps;* les corps sont de deux sortes : naturels ou politiques. Les premiers se subdivisent et comprennent les corps proprement dits et ce que nous appelons les âmes ; les seconds constituent les sociétés.

Toutes nos connaissances ont leur point de départ dans la *sensation,* mais rien ne nous assure que les sensations et les conceptions qui en dérivent correspondent à des objets réels; aussi la vérité n'est que dans les *mots,* le raisonnement n'est qu'un *calcul* fait sur des signes qui n'ont rien de déterminé.

La sensation, selon sa nature, produit le *désir* ou la *crainte,* mobiles cachés de toutes nos actions. L'alternative des désirs ou des aversions que nous pouvons éprouver à l'égard d'une même chose est la *délibération.* Quand, après la délibération, l'un des deux mouvements opposés prévaut, c'est la *volonté;* enfin le pouvoir d'exécution s'appelle *liberté.*

Quelle morale peut découler de cette psychologie? La notion du bien et du mal a sa source dans la sensation; l'homme agit donc *bien* toutes les fois qu'il recherche le plaisir, qu'il fuit la douleur : la fin justifie les moyens.

C'est sur cette morale égoïste que Hobbes construit sa politique. — En vertu même de l'égoïsme qui est sa loi fondamentale, l'homme est naturellement l'ennemi de l'homme, *homo homini lupus.* Chacun, désirant tout pour soi, veut tout avoir aux dépens d'autrui; et comme tous ont le même désir, il en résulte la guerre de tous contre tous, *bellum omnium contra omnes.* Cet état de guerre, dans lequel *la force est l'unique principe du droit,* est l'état de nature; mais il est intolérable. — Pour en sortir et arriver à la paix, il faut que les hommes, par une *abdication réciproque de leurs droits,* établissent un pouvoir assez fort pour comprimer toutes les volontés particulières. La société est ainsi constituée; elle suppose un pouvoir *absolu.*

sacré et *inaliénable,* tellement fort que, quoi qu'il fasse, il soit toujours obéi. — La religion doit être essentiellement dépendante de l'empire.

« Matérialisme en métaphysique, sensualisme et scepticisme en logique, fatalisme et égoïsme en morale, absolutisme en politique : telle est la philosophie désastreuse que la logique puissante de Hobbes tirait déjà du principe sensualiste déposé dans les écrits de Bacon. » (Cousin.)

III. — Gassendi.

PIERRE GASSENDI (1592-1656), né près de Digne, en Provence, est le plus illustre représentant de l'école empirique en France au XVIIᵉ siècle. Il embrassa l'état ecclésiastique et professa successivement avec beaucoup de distinction la philosophie, la théologie et les mathématiques. Il se lia avec les esprits les plus distingués de son temps, et eut une telle réputation, qu'il passait, au dire de Tennemann, pour le plus savant des philosophes et le plus philosophe des savants du XVIIᵉ siècle. D'accord avec Descartes sur la nécessité de substituer une nouvelle méthode à la méthode syllogistique, il adopta une philosophie toute différente de la sienne, et engagea avec l'auteur du *Discours de la méthode* une polémique célèbre (*O animal — O caro!*), qui n'est que le commencement de la lutte opiniâtre entre le sensualisme et l'idéalisme dans les temps modernes.

Les principaux ouvrages de Gassendi, écrits en latin, sont : *Exercitationes adversus Aristoteleos; Disquisitio adversus Cartesium; De vita, moribus et doctrina Epicuri,* et le *Syntagma philosophicum,* divisé en trois parties : logique, physique et morale.

Doctrine. — Gassendi s'applique à réhabiliter la doctrine d'Épicure, généralement décriée de son temps, et en adopte tous les principes, qui ne lui paraissent pas en opposition avec les dogmes du christianisme. Sa philosophie est un *épicurisme chrétien.*

En logique, toute connaissance vient des sens; l'intelligence n'a d'autre rôle que de percevoir les faits fournis par la sensation, et de les comparer entre eux pour s'élever du particulier au général.

En physique, il accepte les deux principes d'Épicure, le vide et les atomes, et en fait le fondement de toute théorie scientifique; mais il reconnaît Dieu comme créateur et moteur premier de l'univers.

En morale, à côté des préceptes les plus sublimes empruntés à la doctrine chrétienne, il professe ce principe incomplet et faux, « que le but de la vie est ce qui est désirable, c'est-à-dire le bonheur. » C'est la solution épicurienne de l'antiquité, préparant la morale de l'*intérêt bien entendu,* que nous trouverons aux XVIII⁰ et XIX⁰ siècles.

Parmi les partisans de Gassendi, on compte Sorbière, son biographe, le voyageur Bernier, Chapelle, Lamothe le Vayer, Cyrano de Bergerac, et Molière, du moins pendant la première moitié de sa vie.

IV. — Locke.

Par son esprit d'indépendance et par sa méthode, Locke se rattacherait à l'école cartésienne; mais il s'en sépare radicalement par sa doctrine. En réalité, « il couronne et achève l'école sensualiste du XVII⁰ siècle; il est le chef reconnu de celle du XVIII⁰; à ce titre, il mérite une mention particulière. » (Cousin.)

Notice biographique. — JEAN LOCKE (1632-1704) naquit à Wrington, dans le comté de Sommerset, et étudia d'abord à Westminster, puis à Oxford, où la lecture des écrits de Descartes éveilla chez lui le goût des études philosophiques. Attaché à la fortune du fameux comte de Shaftesbury, et comme lui tour à tour en faveur et en disgrâce, il prit part aux affaires de son temps. Forcé, sous Jacques II, de se réfugier en Hollande, il revint en Angleterre avec Guillaume III, exerça quelques fonctions publiques, puis se retira dans sa retraite d'Oates pour y poursuivre ses études.

Ouvrages. — Locke a laissé plusieurs écrits d'inégale importance : un *Examen de l'opinion du P. Malebranche :* « que nous voyons tout en Dieu, » etc.; une *Lettre sur la tolérance;* un *Traité de l'éducation des enfants;* un *Essai sur le gouvernement civil.*

Mais son ouvrage capital entrepris à Oxford, achevé dans l'exil et publié à Londres en 1690, est l'*Essai sur l'entendement humain*, dont le succès fut immense. Il s'y propose « de faire voir par quels moyens notre entendement vient à se former les idées qu'il a des choses, et de marquer les bornes de la certitude de nos connaissances, aussi bien que les fondements des opinions qu'on voit régner parmi les hommes ».

PHILOSOPHIE DE LOCKE

Elle se résume dans ses théories *psychologiques et métaphysiques* et ses théories *morales et politiques*.

1° Théories psychologiques et métaphysiques. — Une analyse succincte de l'*Essai sur l'entendement humain* nous les fera suffisamment connaître. L'ouvrage se divise en quatre livres : 1° des Notions innées ; 2° des Idées ; 3° des Mots ; 4° de la Connaissance.

Premier livre : des Notions innées. — Locke consacre tout ce livre à la réfutation de la théorité de l'innéité. Une notion innée devrait être, dit-il, *primitive* et *universelle ;* or l'expérience montre que les principes premiers, tant de l'ordre spéculatif que de l'ordre pratique, ne sont point primitifs, puisque les enfants ne les possèdent ni ne les comprennent ; qu'ils ne sont point universels non plus, puisqu'ils ne se trouvent pas dans l'esprit des idiots et des sauvages. Reste donc qu'ils soient acquis comme les idées qui en sont les éléments, et le second livre expose comment se fait cette acquisition.

Deuxième livre : des Idées. — Locke *suppose* que notre âme est au commencement comme une *table rase, sans aucune idée quelle qu'elle soit ;* toutes les idées qui lui viennent dans la suite sont le fruit de l'expérience. On peut, en effet, ramener nos idées à deux classes : les idées *simples* et les idées *complexes.* — Les idées simples dérivent de deux sources : de la *sensation*, si elles ont pour objet quelque qualité sensible, ex. : couleur, son ; de la *réflexion*, si elles se rapportent à l'âme, ex. : penser, vouloir. — Les idées complexes ne sont que le résultat de la combinaison ou de la généralisation des idées simples, et dérivent par conséquent comme elles de l'expérience. C'est ainsi qu'il explique les idées de cause, de substance, d'infini, etc., en les réduisant aux idées de succession, de collection, d'indéfini, etc.

Troisième livre : des Mots. — La connaissance, dit Locke,

consiste toute en propositions ; il est donc bon, avant d'en parler, d'étudier les mots, éléments de la proposition. Ce livre abonde en aperçus judicieux sur l'usage de la parole et les services qu'elle est appelée à rendre à la pensée. Mais, fidèle à son sensualisme, Locke soutient : 1° que tous les mots *primitifs* signifient des idées sensibles ; 2° que presque toutes nos erreurs se réduisent à des erreurs de mots ; 3° que tous les termes généraux sont de simples signes qui ne correspondent à aucune réalité. « Ce qu'on appelle général ou universel, dit Locke, n'appartient pas à l'existence réelle des choses ; c'est un ouvrage de l'entendement qui se rapporte uniquement aux signes. » On reconnaît là le nominalisme de Guillaume d'Occam.

Quatrième livre : de la Connaissance. — Nos connaissances se rapportent au *monde*, au *moi*, aux *esprits* ou à *Dieu*.

Nous ne connaissons le *monde extérieur*, dit Locke, que par les idées que nous en avons, et par conséquent notre connaissance n'est vraie qu'autant qu'il y a de la conformité entre nos idées et leurs objets. Pour résoudre cette question de la correspondance des idées aux choses, Locke distingue dans les corps deux sortes de qualités, les qualités *primaires* et les qualités *secondaires*. Nous ne connaissons point directement ces dernières ; les premières seules sont rendues présentes à notre esprit au moyen d'une image qui leur ressemble.

Le *moi* nous est connu intuitivement ; cette connaissance est radieuse, elle ressemble « à l'éclat d'un beau jour ».

Quant aux *esprits*, nous ne les percevons point intuitivement ; ils ne peuvent point être représentés par une idée ; la certitude de leur existence ne nous est donnée que par la révélation. Leur nature nous échappe, car Dieu aurait pu donner à la matière la faculté de penser.

Dieu nous est exclusivement connu par les preuves de l'ordre physique ; les preuves cartésiennes sont sans valeur.

2° **Théories morales et politiques.** — Nous n'aurions pas fait connaître Locke si nous n'ajoutions quelques mots sur ses *théories morales et politiques*.

Il méconnaît la vraie notion de la liberté morale ; pour lui elle se confond avec la liberté d'action et ne va point au delà. Le bien est ce qui entraîne une récompense ; le mal, ce qui entraîne un châtiment. La morale qui découle de ces principes ne peut que se ramener à la doctrine du bonheur et de l'intérêt.

En politique, il combat les idées de Hobbes et pose déjà les principes du libéralisme moderne : les hommes sont égaux et libres ; leur droit le plus essentiel est de développer leur liberté ; à ce droit primitif se rattache le droit de propriété, qui a son fondement dans le travail, et le droit de légitime défense.

Les hommes, libres par nature, ne peuvent être soumis à une autorité quelconque que de leur plein consentement ; un contrat doit donc être à l'origine de toute association civile, mais son véritable objet est la garantie des droits naturels, non leur suppression, comme le prétend Hobbes, et par suite le pouvoir civil est essentiellement *judiciaire ;* il n'a d'autre raison d'être que le maintien et la défense de la justice.

Sur la question des rapports de l'Église et de l'État, Locke se prononce pour la séparation et l'indépendance absolue des deux pouvoirs. La célèbre formule de « l'Église libre dans l'État libre » est l'expression exacte de sa théorie.

Appréciation. — Nous avons réfuté ailleurs le système de Locke sur l'origine des idées, et ses erreurs sur les rapports du langage avec la pensée ; ajoutons seulement ici que sa théorie de la connaissance aboutit logiquement au scepticisme de Berkeley. Il est évident, en effet, que nos idées sensibles ne ressemblent en rien à la matière elle-même ; qu'une idée ne peut pas davantage être semblable à un être spirituel ; qu'en supposant la possibilité d'une ressemblance entre nos idées et leurs objets, nous ne pouvons pas savoir si, en réalité, nos idées sont des images fidèles.

Bien que le libéralisme de Locke soit dans les idées du jour, nous ne devons pas hésiter à le déclarer une erreur dangereuse.

La liberté ne suffit pas à engendrer le droit, le consentement mutuel n'est pas la source de l'autorité ; Dieu seul, nous l'avons dit, peut être le principe de l'obligation morale quelle qu'elle soit. — Quant à la séparation de l'Église et l'État, elle peut être un moindre mal que l'asservissement de l'Église par l'État ; elle n'est pas l'expression véritable des rapports qui doivent exister entre les deux pouvoirs.

En étudiant le xviiie siècle, nous pourrons faire ressortir l'influence que Locke a exercée en France sur Condillac, sur Montesquieu, Rousseau ; contentons-nous de signaler ici quelques-uns de ses plus célèbres partisans en Angleterre :

Collins (1676-1729), qui nia la liberté ; — *Dodwell* (1641-1711), qui aboutit au matérialisme ; — *Mandeville* (1670-1735), qui appliqua le sensualisme à la morale.

II. — ÉCOLE RATIONALISTE DE DESCARTES

Nous partagerons cette étude en trois parties : 1° Descartes; — 2° les cartésiens : Pascal, Bossuet, Fénelon, Malebranche; — 3° Spinoza, dont le système a été appelé « un cartésianisme immodéré ».

I. — Descartes.

Notice biographique. — RENÉ DESCARTES, d'une ancienne et noble famille de Touraine, naquit à la Haye le 31 mars 1596. Après avoir achevé ses études sous la direction des PP. jésuites, au collège de la Flèche, où il se lia d'amitié avec Mersenne, mécontent « des docteurs et des livres », il prit le parti « de ne chercher d'autre science que celle qu'il pourrait trouver en lui-même et dans le grand livre du monde ». Il employa donc le reste de sa jeunesse « à voir les *cours* et les *armées* [1], à rouler çà et là par le monde, tâchant d'y être spectateur plutôt qu'acteur en toutes les comédies qui s'y jouent ».

Jusqu'en 1629, Descartes était demeuré indécis sur le choix d'une carrière. Mais il crut à cette époque « ne pouvoir rien faire de mieux que d'employer sa vie à cultiver sa raison et à s'avancer autant qu'il pourrait dans la connaissance de la vérité », et se retira en Hollande, en vue d'y trouver la solitude et la liberté dont il avait besoin. Il y passa vingt années, composant ses ouvrages et entretenant, par l'intermédiaire de son ami le P. Mersenne, les relations les plus suivies avec tous les savants de son temps.

En 1649, sur les sollicitations de la reine Christine, il se rendit en Suède. La rigueur du climat altéra sa santé, et, après un séjour de quelques mois, il mourut à Stockholm en 1650.

Dix-sept ans plus tard, en 1667, ses amis firent venir ses

---

[1] À l'âge de vingt et un ans, suivant l'usage des gens de sa condition, Descartes s'engagea comme volontaire, d'abord dans l'armée du prince Maurice de Nassau, puis dans celle du duc de Bavière, et plus tard sous les ordres du comte de Bucquoy; mais au bout de quatre ans il quitta définitivement le métier des armes, et vint à Paris.

dépouilles mortelles de la terre étrangère, et lui érigèrent un monument dans l'église Saint-Étienne-du-Mont, à Paris.

Ouvrages. — Le *Discours de la méthode pour bien conduire la raison,* etc..., et les *Passions de l'âme,* écrits et publiés en français par l'auteur; *Meditationes de prima philosophia* et *Principia philosophiæ,* écrits en latin par Descartes, mais traduits en français, de son vivant, par des amis; le *Traité du monde,* le *Traité de l'homme* et les *Lettres,* publiés après la mort de Descartes, par les soins de Clerselier et de Rohault. — Il faut ajouter, pour être complet, plusieurs ouvrages de mathématiques et de physique : *Dioptrique, Géométrie,* etc.

PHILOSOPHIE DE DESCARTES

Pour faire connaître la philosophie de Descartes, nous pourrions nous borner, comme on le fait souvent, à analyser le *Discours de la méthode,* qui contient l'histoire de ses pensées et des procédés qu'il suivit pour arriver à ses premières découvertes. Nous croyons utile de compléter le *Discours* par les autres ouvrages de Descartes, pour donner un exposé général, quoique abrégé, de la doctrine cartésienne. Nous ferons successivement connaître : — le but que s'est proposé Descartes, — son point de départ, — sa méthode, — ses idées sur l'âme, — sur Dieu, — sur le monde, — et sur les rapports de l'âme et du corps.

Son but. — Descartes veut reconstruire l'édifice des connaissances humaines; la science, telle qu'elle existe de son temps, ne le satisfait pas; elle est *incertaine* dans ses bases, *stérile* dans ses résultats.

Son point de départ. — Après avoir mis de côté les vérités de la foi et s'être tracé quelques règles de conduite pour s'en faire « une *morale provisoire* », Descartes « rejette comme absolument faux tout ce en quoi il peut imaginer le moindre doute »; ses sens, sa mémoire, sa raison, le trompent quelquefois, il veut supposer que ces facultés le trompent toujours. Il suppose même qu'il est peut-être le jouet d'un *dieu malin* qui prend plaisir à le tromper par une fausse évidence. Rien ne résiste à cette hypothèse : le *doute universel,* absolu, tel est le point de départ de Descartes. Toutefois pour lui ce doute n'est qu'un moyen, un procédé de méthode; il croit à la vérité, et « tout son dessein est de rejeter la terre mouvante et le sable pour trouver le roc et l'argile... *aliquid inconcussum* ».

Cette base inébranlable surgit de son doute : « Je doute, je pense, donc je suis. » Vérité assurée, dit Descartes, et « résultat d'une simple *inspection de l'esprit* », qui voit clairement que pour penser il faut être.

Sa méthode. — La *première règle* pour posséder la vérité, c'est de « ne jamais recevoir aucune chose comme vraie qu'on ne la connaisse *évidemment* être telle ».

Toute erreur est volontaire; nous nous trompons parce que la volonté affirme ce qui n'est pas perçu clairement par l'intelligence.

C'est à ce défaut que remédie la règle d'évidence; c'est une règle de prudence, de *certitude subjective.*

La certitude absolue, objective, n'a son principe que dans la *véracité divine*, qui ne peut pas permettre que l'idée claire soit trompeuse.

La règle d'évidence est encore pour le cartésien une règle de *prétendue liberté,* qui affranchit l'esprit de toute autorité extérieure, divine ou humaine.

Descartes donne *trois autres règles* de la méthode concernant *l'analyse,* la *synthèse* et les *dénombrements :* — diviser chacune des difficultés en autant de parcelles qu'il se peut et qu'il est requis pour les mieux résoudre; — conduire par ordre ses pensées du plus simple au plus composé, supposant même un ordre là où il n'y en a point naturellement; — faire des dénombrements si entiers, des revues si générales, qu'on soit assuré de ne rien omettre.

Ces règles sont un résumé de la méthode des géomètres; mais Descartes croit pouvoir les appliquer « à toutes les choses qui peuvent tomber sous la connaissance des hommes ».

L'âme. — Le *moi* pour Descartes, c'est l'*âme*, c'est-à-dire *quelque chose dont toute l'essence est de penser,* et qui est immédiatement connu par la conscience. « Toutes les façons de penser que nous remarquons en nous peuvent se rapporter à deux générales, dont l'une consiste à *apercevoir par l'intelligence,* et l'autre à *se déterminer par la volonté.* »

L'intelligence est passive; les modifications qu'elle subit en percevant les objets sont ce qu'on nomme les *idées ;* ces idées sont de trois sortes : les idées *factices,* qui en supposent d'autres

pour leur servir d'éléments ; les idées *adventices*, qui naissent
en nous à l'occasion des mouvements extérieurs ; les idées *innées*,
« qui ne proviennent que de la faculté que nous avons de penser. » Ces dernières, dont Descartes n'a jamais donné la liste
complète, sont dans l'âme dès le principe, mais « seulement
en puissance comme des figures dans la cire ».

La *volonté* est active et libre d'une liberté absolue, infinie.
La *liberté* « consiste en ceci, que nous pouvons faire une chose
ou ne pas la faire ». Mais cette liberté n'est pas l'indifférence,
elle n'est pas soumise non plus à un déterminisme quelconque
provenant des perceptions intellectuelles ; sa perfection est dans
la conformité de l'acte aux conceptions claires de l'intelligence,
de sorte que être libre, pour l'homme, c'est agir conformément
au vrai.

La morale qui découle de cette psychologie est assez vague
et paraît se réduire, en dehors de la *morale par provision*,
à quelques principes empruntés au stoïcisme, comme ceux-ci :
« Le souverain bien consiste dans la volonté ferme de bien
faire ; » — « Il suffit de bien juger pour bien faire, » etc.

Dieu. — C'est en lui-même que Descartes trouve les preuves
de l'*existence de Dieu* : 1° J'existe et je suis imparfait ; je ne
me suis donc pas fait moi-même ; je suis de Dieu ; donc Dieu
existe. — 2° J'ai l'idée d'un être parfait ; d'où peut me venir cette
idée, sinon de cet être parfait lui-même ? donc... — 3° J'ai
l'idée d'être parfait ; or cette idée renferme l'existence actuelle,
qui est une perfection ; donc cet être parfait existe.

De l'idée d'être parfait Descartes déduit, non seulement
l'existence de cet être, mais tous ses attributs. Il doit posséder,
en un degré infini, toutes les perfections dont je trouve en moi
quelque idée. Il a donc l'intelligence et la liberté.

Cette liberté est absolue, et produit les *essences des choses*
aussi bien que *leur existence* : « Toutes les vérités que nous
appelons immuables, éternelles, ont été établies par Dieu,
dépendent de sa volonté, auraient pu être différentes de ce
qu'elles sont. Elles sont immuables cependant, parce que Dieu
les a voulues de telle sorte, qu'il s'est résolu à n'y rien changer,
et qu'il est immuable dans ses résolutions. »

L'être créé est dans une absolue dépendance par rapport à
Dieu, et sa conservation est une *création continuée*.

Le monde. — La véracité divine nous assure de l'existence do la matière. *Toute son essence est dans l'étendue.* Le vide est impossible.

Avec l'*étendue* essentielle à la matière et le *mouvement* qui lui est communiqué par Dieu, Descartes, en ne s'appuyant que sur des *lois* [1] *déduites à priori* des perfections divines, et au moyen des *tourbillons* prétend expliquer tous les phénomènes physiques de pesanteur, de lumière et de chaleur, qui se réduisent à des relations géométriques et mécaniques.

La méthode de Descartes en physique est donc la *déduction*, complétée plus tard et vérifiée par l'expérimentation.

Les phénomènes de la vie organique ne diffèrent pas essentiellement des phénomènes du monde inorganique, et doivent eux-mêmes s'expliquer par les mêmes principes. La physiologie n'est qu'une physique plus complexe, et la vie a pour principe immédiat les *esprits-animaux*, qui ne sont que des parties très subtiles du sang mis en mouvement par la chaleur du cœur.

De ces principes résultent que les animaux ne sont que des machines sans âme, de simples *automates*.

Rapports de l'âme et du corps. — Selon Descartes, la différence des attributs essentiels entraîne la distinction des substances; donc l'âme est distincte du corps (*res cogitans, res extensa*). Ces deux substances sont cependant unies par la toute-puissance divine. L'âme a son siège dans la glande pinéale située au milieu du cerveau; elle rayonne de là dans tout le corps par l'entremise des nerfs et des esprits, et reçoit là du dehors les diverses impressions que lui transmettent les nerfs et les esprits. Aucune action mutuelle des deux substances l'une sur l'autre n'est possible; « c'est Dieu qui a disposé tout ce qui est hors de nous, pour faire que tels et tels objets se présentassent à nos sens en tel ou tel temps, à l'occa-

---

[1] Voici les principaux principes de la physique de Descartes :

1° Chaque chose persévère dans l'état où elle est, tant que rien ne vient la changer.

2° Tout corps qui se meut tend de lui-même à se mouvoir en ligne droite.

3° Tout corps qui subit le choc d'un corps plus fort que soi perd sa détermination, non son mouvement.

4° Tout corps qui en rencontre un autre plus faible qu'il puisse mouvoir perd autant de mouvement qu'il en donne.

5° La quantité de mouvement reste constante.

sion desquels il a su que notre libre arbitre nous déterminerait
à telle ou telle chose. »

Des rapports incompréhensibles entre l'âme et le corps
naissent les *passions,* ou « émotions de l'âme produites par les
mouvements des nerfs et des esprits ». Il y en a six principales : l'admiration, l'amour, la haine, le désir, la joie et la
tristesse. Bonnes en elles-mêmes, elles doivent être contenues
et réglées par la vertu.

APPRÉCIATION. — Pour l'appréciation des nombreuses propositions de la doctrine cartésienne, nous ne pouvons que ren-
voyer aux diverses parties du cours où les questions corres-
pondantes sont traitées ; il nous est impossible de les discuter
ici en détail. Contentons-nous de quelques remarques.

1° Descartes n'est pas sceptique ; mais son *doute méthodique*
est déraisonnable et dangereux : on concevrait que Descartes,
résolu à n'admettre que des vérités incontestables, eût rejeté
toute connaissance dont il aurait eu quelque raison de douter.
Mais était-il rationnel de douter de la légitimité de nos facultés,
de faire l'hypothèse célèbre du *Dieu malin?* Non ; quand le
doute va jusque-là, s'il n'est pas purement fictif (et alors quelle
serait sa raison d'être ?), il conduit fatalement au scepticisme ;
on n'en peut logiquement sortir. Quelle que soit l'évidence du :
Je pense, donc je suis, je ne puis pas l'affirmer si ma raison est
trompeuse.

2° La *règle d'évidence* qui sert de base à la théorie de la certitude a de graves inconvénients. Pour Descartes, en effet,
l'évidence est quelque chose de subjectif : c'est l'idée claire ;
elle ne peut être dès lors que le signe d'une certitude toute
relative, le criterium d'une conviction intérieure. Qui nous
assure de la conformité de cette idée claire à son objet? La
véracité divine seule, répond le philosophe. — Descartes
semble n'admettre que l'évidence métaphysique ; il tend à
ramener tous les problèmes, quelque complexes qu'ils soient,
à une question de rapport, à appliquer, en un mot, à tous les
sujets la méthode des géomètres. Il néglige la méthode d'induction. — Le grand danger peut-être de la règle d'évidence
telle qu'elle est formulée par Descartes est de porter l'esprit à
rejeter toute autorité pour n'admettre que l'évidence intime et
personnelle ; elle contient en germe le rationalisme avec toutes
ses erreurs philosophiques et religieuses.

Bossuet avait prévu ces conséquences : « Je vois, dit-il, un grand combat se préparer contre l'Église, sous le nom de philosophie cartésienne. Je vois naître de son sein et de ses principes mal entendus plus d'une hérésie, et je prévois que les conséquences qu'on en tire contre les dogmes que nos pères ont tenus la vont rendre odieuse, et feront perdre à l'Église tout le fruit qu'elle en pouvait espérer pour établir dans l'esprit des philosophes la spiritualité et l'immortalité de l'âme. Sous prétexte qu'il ne faut admettre que ce qu'on entend clairement, ce qui, réduit à certaines bornes, est très véritable, chacun se donne la liberté de dire : « J'entends ceci et je n'en « tends pas cela ; » et, sur ce seul fondement, on approuve et on rejette ce qu'on veut. »

3° Descartes a méconnu l'*unité substantielle du composé humain* et la vraie notion de la personnalité ; il établit un dualisme regrettable dans la nature humaine. — En réduisant l'âme à la pensée et les corps à l'étendue, Descartes dépouille ces substances de toute activité propre et ouvre la voie au panthéisme, qui conclura que Dieu seul agit, que Dieu seul existe. — Enfin la théorie du jugement et de l'erreur, celle de l'innéité des idées, celle de l'automatisme des animaux, celle des essences métaphysiques, dont Descartes nie la nécessité absolue, sont rejetées comme fausses par la plupart des philosophes ; qu'il suffise de l'indiquer.

La gloire de Descartes est d'être nettement spiritualiste, d'avoir soupçonné les grandes lois de la physique moderne, et d'avoir, le premier en mathématiques, appliqué l'algèbre à la géométrie.

II. — Les cartésiens.

Le cartésianisme, accueilli d'abord avec défaveur, finit par triompher et compta après la mort de son fondateur un grand nombre de partisans. Citons quelques noms.

I. — Arnauld et Nicole.

ARNAULD (1612-1694) et NICOLE (1625-1695) sont les auteurs de la logique qui porte le nom de *Logique de Port-Royal*. Cette logique, dans laquelle les principes de Descartes sont souvent combinés avec ceux d'Aristote, jouit d'une réputation bien méritée; elle est précédée de deux discours et se divise en quatre parties : des idées, du jugement, du raisonnement et de la méthode.

II. — Pascal.

BLAISE PASCAL (1623-1662), né à Clermont, prit une part active à la lutte des jansénistes contre les jésuites, et se distingua par la profondeur de ses pensées aussi bien que par la précocité de son intelligence.

Il faut distinguer deux périodes dans sa vie philosophique :
— Dans la première (1623-1654) il est *cartésien*, sépare le domaine de la foi et celui de la raison, et célèbre la grandeur de cette dernière faculté, sa puissance et ses progrès continus.
— Dans la seconde (1654-1662), sectaire et janséniste, il fournit des armes au *scepticisme*, et se plait à humilier la raison, à calomnier la nature humaine.

Ses principaux ouvrages sont : *l'Autorité en matière de philosophie* et les *Fragments sur l'esprit géométrique* qui se rapportent à la première période; *l'Entretien avec M. de Sacy*, les *Pensées* et les *Provinciales*, qui se rapportent à la seconde.

III. — Bossuet.

BOSSUET (1627-1704) a laissé plusieurs ouvrages philosophiques, dans lesquels se fait sentir l'influence de Descartes unie à celle de saint Thomas et d'Aristote. Les principaux sont : le *Traité du libre arbitre*, la *Logique*, la *Connaissance de Dieu et de soi-même*.

Ce dernier ouvrage, composé pour l'éducation du Dauphin, renferme cinq chapitres, où l'auteur traite successivement de l'âme, du corps, de l'union de l'âme et du corps, de Dieu et de l'extrême différence entre l'homme et la bête. L'esprit, la méthode et les principes de Descartes y dominent; cependant Bossuet apporte plusieurs restrictions au système cartésien : il admet l'union substantielle de l'âme et du corps, insiste longuement sur leurs rapports, et, dans la question de l'âme des bêtes, il semble incliner vers l'opinion de saint Thomas, qui leur accorde une âme sensitive.

IV. — Fénelon.

FÉNELON (1651-1715). Ses ouvrages philosophiques se composent de *Lettres sur divers sujets de métaphysique et de morale;* d'une *Réfutation du système de Malebranche,* et de son *Traité de l'existence de Dieu et de ses attributs.*

Ce dernier ouvrage se divise en deux parties très distinctes: Dans la première, Fénelon développe en un style admirable la preuve de l'existence de Dieu tirée du bel ordre qui règne dans le monde, et réfute le système d'Épicure. Dans la seconde, il part du doute méthodique, expose les preuves de l'existence de Dieu tirées des idées intellectuelles, réfute le panthéisme de Spinoza et termine par un magnifique chapitre sur la nature et les attributs de Dieu. C'est dans cette seconde partie surtout que Fénelon se montre cartésien ; son exposé du doute méthodique est, au jugement de Thomas Reid, le plus clair et le plus favorable qui ait été présenté.

V. — Clarcke.

CLARCKE (1675-1729), de l'université de Cambridge, est un disciple de Newton. L'espace et le temps sont d'après lui des attributs de Dieu; de ces deux notions il tira une nouvelle preuve de l'existence de Dieu, qui fut attaquée par Leibniz.

VI. — Malebranche.

Notice biographique. — NICOLAS MALEBRANCHE (1638-1715) naquit à Paris, et entra à l'Oratoire à l'âge de vingt-deux ans. C'est en lisant le *Traité de l'homme,* de Descartes, qu'il sentit naître sa vocation philosophique. Après dix années d'une étude approfondie de la doctrine cartésienne, il écrivit à son tour des ouvrages dans lesquels il modifie souvent et combat quelquefois la doctrine du maître. Il soutint des controverses avec plusieurs hommes éminents de son temps, entre autres Bossuet et Arnauld ; ses travaux ne cessèrent qu'avec sa vie.

Ouvrages. — Ses principaux ouvrages sont : un *Traité de la nature et de la grâce,* des *Entretiens sur la métaphysique et la religion,* un *Traité de morale* et la *Recherche de la vérité,* divisée en six livres : des sens, de l'imagination, de l'entendement, des inclinations, des passions et de la méthode. Tous ces ouvrages ne sont pas moins remarquables par la noble simplicité du style que par l'élévation des pensées. Comme écrivain, Malebranche peut être placé à côté de Fénelon.

Doctrine. — Malebranche est *métaphysicien* et *moraliste.*

1° Trois théories résument ses idées MÉTAPHYSIQUES : la théorie de la *vision en Dieu,* celle des *causes occasionnelles,* et celle de l'*optimisme.*

(a) *Vision en Dieu.* « Nous ne connaissons, dit Malebranche, que quatre sortes d'êtres : *Dieu,* notre *âme,* les *autres esprits* et le *corps.*

« *Dieu* nous est connu par lui-même, nous le voyons d'une vue *immédiate,* car aucune idée ne peut le représenter.

« *Notre âme* nous est connue par conscience, ou par le *sentiment* que nous avons de ses modifications.

« Les *autres esprits* ne nous sont connus que par conjecture ou *analogie.*

« Les *corps* nous sont connus par leurs *idées.* Mais, dans ces idées, il faut distinguer le *sentiment,* qui est une modification de notre âme, causé en nous par Dieu, et l'*idée pure.* » D'où nous vient cette idée? « Il est absolument nécessaire, dit Malebranche, que ces idées viennent des objets matériels, — ou que notre âme ait la puissance de produire ces idées, — ou que Dieu les ait produites avec elle en la créant, — ou qu'il la produise toutes les fois qu'on pense à quelque objet, — ou que l'âme ait en elle-même toutes les perfections qu'elle voit dans ces corps, — ou enfin qu'elle soit unie avec un être parfait qui renferme toutes les idées des êtres créés et *qui les lui découvre à l'occasion de l'attention* qu'elle leur donne. Ce dernier mode est le seul convenable; c'est la *vision en Dieu.* »

La réalité objective des choses n'est certaine que par la révélation.

(b) *Causes occasionnelles.* — De même que Dieu est le seul véritable objet de la connaissance, il est aussi la seule cause véritable. « Il n'y a, dit Malebranche, qu'une seule cause qui soit vraiment cause, et on ne doit pas s'imaginer que ce qui précède un effet en soit la véritable cause. Dieu ne peut même communiquer sa puissance aux créatures; il n'en peut faire de véritables causes, il n'en peut faire des dieux. Corps, esprits, pures intelligences, tout cela ne peut rien. » Dieu seul agit dans le monde, et les créatures ne concourent aux phénomènes produits que comme *causes occasionnelles*. Ainsi en est-il dans l'homme; c'est Dieu qui meut nos organes, à l'occasion de nos actes de volonté. Malebranche creuse ainsi, plus profondément que Descartes, l'abîme qui sépare l'âme du corps, et, bien loin de chercher à expliquer leur union, il déclare toute union naturelle impossible.

(c) *Optimisme.* — Dieu, selon Malebranche, devant tout faire pour sa gloire, a dû nécessairement choisir parmi tous les mondes possibles *le meilleur* ou le plus capable de manifester ses perfections. Mais, dans son choix, « il a eu égard aux voies aussi bien qu'à l'ouvrage, » car ses voies devaient, aussi bien que son ouvrage, porter les traces de sa sagesse. En d'autres termes, il a préféré souvent réaliser un bien, moindre en lui-même, pour le réaliser par des voies plus simples, par des lois plus générales et plus fécondes. C'est là l'origine du mal que nous nous plaignons de rencontrer dans l'univers.

Malebranche, joignant à ses théories philosophiques des considérations sur l'Incarnation du Fils de Dieu et la perfection dont elle est le principe, en conclut logiquement que cette Incarnation était nécessaire. (Joly.)

2º Les *théories* MORALES de Malebranche se rattachent à sa théorie de la connaissance : d'après cette théorie, nos idées sont les idées de Dieu lui-même; or les idées intelligibles contenues dans le Verbe ont entre elles deux sortes de rapports : des rapports de grandeur et des rapports de perfection. C'est de ces derniers seuls que Malebranche tire la notion du bien moral.

Dieu, s'aimant nécessairement lui-même, aime les choses proportionnellement au degré de perfection qu'elles possèdent. Quand nous faisons de même, notre volonté devient bonne en aimant comme Dieu. Les rapports de perfection entre les êtres constituent l'ordre ; donc, aimer selon ses rapports, c'est aimer l'ordre, et Malebranche définit la vertu : *l'amour habituel et dominant de l'ordre immuable.*

La théorie de la volonté correspond à celle de l'intelligence. De même que Dieu seul est à la fois la cause et l'objet de notre intelligence, de même il est à la fois la cause et le terme de notre amour. L'amour du bien ou la volonté n'est en nous qu'une impulsion de l'amour par lequel Dieu s'aime lui-même, comme la connaissance du vrai n'est qu'une communication des idées par lesquelles il se connaît. *Nos désirs particuliers sont la cause occasionnelle du bien* qui s'opère en nous, comme *notre attention est la cause occasionnelle de la lumière* qui éclaire notre âme. La liberté n'est en nous que le pouvoir de nous arrêter aux biens particuliers.

Appréciation. — Bossuet écrivit sur l'exemplaire du *Traité de la nature et de la grâce*, que lui avait envoyé l'auteur, ces paroles : *Pulchra, nova, falsa.* Ce jugement peut s'étendre à tout le système du célèbre oratorien. Personne ne conteste l'élévation de ses pensées et de son style, et nous souscrivons volontiers au nom de *Platon chrétien* que lui a donné l'histoire; mais la doctrine renferme des nouveautés dangereuses qui ne permettent pas de l'embrasser.

Pour Malebranche, l'existence des corps ne repose ni sur une croyance naturelle, ni sur une démonstration philosophique. Rationnellement, il n'y a peut-être aucune substance matérielle, mais seulement des réalités idéales en dehors de nous, et en nous des idées subjectives qui les représentent; c'est *l'idéalisme*.

D'autre part, aucune créature ne peut agir sur une autre créature; c'est Dieu seul qui agit dans la nature et dans l'homme. L'homme, qui « n'est pas agent, mais *agi* », a-t-il une existence propre et véritable? Dieu, la seule cause, n'est-il point le seul être, la seule substance? *Nous touchons au panthéisme.*

Il n'y a pas loin de Malebranche à Spinoza.

III. — Spinoza.

Notice biographique. — Baruch Spinoza (1632-1677) naquit à Amsterdam, d'une famille de Juifs portugais. Partant des principes cartésiens, il se prit à douter de l'enseignement des rabbins, fut excommunié par la synagogue et obligé de quitter sa ville natale. Après quelques années d'une vie errante, il se fixa à la Haye, et passa tout son temps à étudier et à polir des verres de lunettes pour gagner la chétive nourriture qui lui suffisait. Après son départ d'Amsterdam, il entra en rapport avec des chrétiens, changea son nom de Baruch en celui de Bénédict, et se fit baptiser, d'après quelques-uns; mais il parait avoir passé ses dernières années dans l'indifférence religieuse.

Maigre, phtisique, mal vêtu, Spinoza n'avait pas un extérieur agréable; mais sa vie douce, ses mœurs faciles le faisaient aimer de ses hôtes et de ceux qui le fréquentaient. On rapporte que ses plus grands délassements étaient de fumer une pipe de tabac ou de stimuler au combat des mouches et des araignées.

Spinoza refusa la fortune et les honneurs, pour conserver son indépendance et sa tranquillité. Il mourut d'une maladie de langueur le 23 février 1677.

Ouvrages. — Le premier ouvrage de Spinoza fut une *Démonstration des principes de Descartes*. Il publia ensuite un *Traité théologico-politique*. La tempête soulevée par ce dernier ouvrage le détermina à ne plus rien donner au public. Ce ne fut qu'après sa mort que parurent *l'Étique*, le *Traité politique* et le *Traité de la réforme de l'entendement*. La méthode géométrique employée par Spinoza dans tous ces ouvrages en rend la lecture très difficile.

PHILOSOPHIE DE SPINOZA

La note caractéristique de Spinoza est le rejet absolu, dédaigneux, de toute donnée empirique. La vraie science pour lui est l'œuvre de la raison pure; elle repose sur l'intuition immédiate et se développe exclusivement par le raisonnement géométrique.

Nous résumerons le spinozisme sous ces quatre titres : *métaphysique, psychologie, morale* et *politique.*

Métaphysique. — Le premier objet de l'intuition immédiate, c'est l'idée d'*être* ou de *substance,* car ces deux termes sont synonymes pour Spinoza. C'est de cette idée qu'il prétend déduire mathématiquement son système.

La substance, avait dit Descartes, est « ce qui est en soi et conçu par soi, ce qui n'a besoin d'aucune autre chose pour exister ». Les cartésiens expliquaient cette définition de la substance dans un sens orthodoxe, et l'opposaient au mode; Spinoza la prend dans un sens absolu pour l'être qui a en soi sa raison d'être, qui est cause de soi-même, *causa sui,* et « dont le concept peut être formé, sans avoir besoin du concept d'une autre chose ». Il en déduit facilement que cet être est éternel, *infini.*

Si cet être est infini, il faut ajouter qu'il est *unique;* car deux infinis réels sont inadmissibles, et l'hypothèse de substances finies, créées, impossible. En effet, ou la substance productrice et la substance produite auraient des attributs différents, ou elles auraient les mêmes attributs : dans le premier cas, la cause produirait ce qu'elle ne renferme pas, ce qui est contradictoire; dans le second, les substances ne seraient pas distinctes, puisque la distinction des attributs est l'unique fondement de la distinction des substances.

Cette substance infinie, unique, se manifeste par des attributs [1] qui la représentent tout entière. Ces attributs sont des infinis, mais des infinis relatifs, puisqu'ils n'expriment qu'un point de vue particulier de la substance; ils sont en nombre infini, puisqu'ils expriment complètement une essence infinie et inépuisable.

Les attributs eux-mêmes se manifestent dans des modes [2] finis, mais en nombre infini. Si les modes étaient infinis, les attributs eux-mêmes deviendraient la substance; et, s'ils n'étaient pas en nombre infini, ils ne représenteraient pas l'infinité relative de l'attribut.

Substance, attributs, modes, sont distincts, mais inséparables ; car *il est de la nature de la substance de se développer nécessairement par une infinité d'attributs infinis, infiniment modifiés.* Spinoza est tout entier dans cette formule, qui exprime son idée de Dieu.

De l'infinité des attributs divins, nous ne connaissons que deux : la pensée et l'étendue, de sorte que pour nous Dieu est l'être infiniment pensant et étendu.

Ces deux attributs de la pensée et de l'étendue se développent nécessairement en un nombre infini de modes finis: les âmes qui pensent et les corps étendus. Ces deux séries parallèles de modes ont entre elles une étroite connexion, de sorte que chaque pensée correspond à un mouvement, chaque mouvement à une pensée. Ce sont les deux faces inséparables

---

[1] « J'entends par *attribut,* dit Spinoza, ce que la raison conçoit dans la substance comme constituant son essence. »

[2] « J'entends par *mode,* dit Spinoza, les affections de la substance, ou ce qui est dans autre chose et est conçu par cette même chose. »

d'une même existence qui se développe fatalement, sans finalité[1], et qui a encore une infinité d'autres faces que nous ne
connaissons pas.

Dieu se confond donc avec la nature; mais on peut distinguer *natura naturans,* c'est-à-dire la substance, cause imma-
nente et absolue de tout ce qui apparaît, et *natura naturata,*
c'est-à-dire l'ensemble des modes sous lesquels se manifeste la
substance infinie, pensante et étendue.

Psychologie. — Que peut être *l'homme* dans un pareil système? Spinoza le définit : « l'identité de l'âme et du corps. »
L'âme humaine, en effet, n'est au fond qu'une série de modes
de la pensée divine; le corps humain est une série de modes
de l'étendue infinie, et ces deux séries distinctes, en tant
qu'elles représentent la perfection divine dans deux ordres différents, sont identiques en tant qu'elles la représentent dans
un même moment de son développement éternel.

L'âme, ignorant les causes qui la déterminent à agir, se croit
libre, mais « elle rêve les yeux ouverts »; elle n'est point libre,
elle n'est point « un empire dans un empire », elle est simplement un automate spirituel.

Elle n'a point d'*unité* véritable, car elle est « une idée composée d'idées », comme son corps est un agrégat de molécules
étendues.

Elle n'a point d'*immortalité,* puisqu'elle n'est qu'un simple
mode fugitif de la substance, « une forme passagère, évanouis-
sante d'un principe éternel. »

A cette âme singulière Spinoza refuse des *facultés* distinctes;
au fond, rien de réel en dehors de l'idée et de son affirmation,
qui est la volition : vouloir, c'est affirmer; point de pensée sans
volition, point de volition sans pensée.

Les *passions* ou appétits ne sont que les tendances qui ont
pour objet le bien du corps et de l'âme : l'appétit conscient
s'appelle *désir;* réalisé, il devient la *joie;* contrarié, la *tristesse.*
Il prend les noms d'*amour* et de *haine* lorsque l'idée d'une
cause extérieure vient s'y ajouter.

---

[1] Spinoza rejette absolument et de la physique et de la morale toute considération des causes finales : « L'être infini agit comme il existe, avec une
égale nécessité. » ... « Ce que nous appelons cause finale, n'est que le désir
que nous avons d'une chose. » ... « Nous supposons quelquefois que la nature
agit pour une fin, et nous prenons notre désir comme mesure des choses. »

Morale. — Malgré sa négation de la liberté, Spinoza propose un système moral. En voici les traits principaux :

Tout être tend à persévérer dans son être ; telle est la loi fondamentale. Or l'âme a un certain degré d'être et de perfection qui la constitue et qui de soi tend à se maintenir et à se développer ; ce qui augmente l'être ou la perfection de l'âme lui cause de la joie, lui est utile, est *bien ;* ce qui diminue l'être ou la perfection de l'âme lui cause de la tristesse, lui est nuisible, est un *mal* à ses yeux. Cela posé, l'âme, dont le bien propre est la pensée, sera d'autant plus parfaite que l'objet de sa pensée sera plus parfait. Connaître Dieu, l'aimer, vivre en lui, telle est donc pour elle la vie parfaite, parce que cette vie lui donne plus d'être que toute autre vie, et satisfait plus complètement le désir fondamental qui constitue son essence.

Politique. — A sa théorie morale Spinoza joint une *théorie politique :* Tout être, comme partie de Dieu, jouit d'un droit universel qui se mesure exactement sur sa puissance ; de là un état de guerre intolérable, quoique naturel. Pour en sortir, les hommes ont constitué l'État, principe de toute justice et de toute propriété. Désireux d'échapper à l'absolutisme de Hobbes, « Spinoza s'efforce de prouver que le pouvoir ne peut être fort qu'à la condition d'être respecté, qu'il ne peut être respecté que s'il est raisonnable, qu'il n'est raisonnable que s'il laisse les hommes être des hommes, c'est-à-dire que s'il leur laisse la liberté de leur opinion, » et il ajoute enfin « que si tout dépendait de la volonté inconstante d'un seul homme, rien ne serait stable ». (Joly.)

APPRÉCIATION. — Nous avons exposé le spinosisme ; il a tous les défauts du panthéisme : 1° sa *méthode* est irrationnelle, il rejette l'expérience et part de définitions arbitraires ; 2° il nous donne de *Dieu* une idée contradictoire, celle d'un être à la fois étendu et pensant, simple et composé ; 3° il dégrade l'homme, dont il nie la liberté, la personnalité et l'immortalité.

De plus, sa morale est dépourvue de tout caractère obligatoire, et le pouvoir de l'État nécessairement absolu et tyrannique.

« Principes arbitraires, conséquences impies : voilà tout le système de Spinoza. Par la faiblesse des principes, il succombe sous la dialectique des philosophes ; par l'impiété des conséquences, il soulève à juste titre contre lui la réprobation du sens commun. » (Saisset.)

III. — MOUVEMENT RÉACTIF. — LEIBNIZ

I. — Leibniz.

A la fin du XVIIe siècle, les deux écoles rivales de Bacon et de Descartes se terminent au sensualisme de Locke et à l'idéalisme de Malebranche. C'est au milieu de la lutte entre ces deux partis extrêmes qu'il faut placer Leibniz. Il entreprend de les combattre l'un et l'autre et de substituer à leurs erreurs un système nouveau qui « lui paraît allier Platon avec Démocrite, Aristote avec Descartes, les scolastiques avec les modernes, la théologie et la morale avec la raison ».

Notice biographique. — GODEFROY-GUILLAUME LEIBNIZ (ou LEIBNITZ) (1646-1716), né à Leipsig, montra dès la plus tendre enfance une ardeur extraordinaire pour l'étude, et se fit recevoir docteur à l'âge de dix-sept ans. Outre la philosophie, il cultiva encore le droit, l'histoire, la philologie, les mathématiques, acquit dans toutes ces sciences des connaissances très étendues et inventa le calcul différentiel.

Protégé par l'électeur de Mayence, Leibniz entra en relations avec presque tous les hommes d'État et les savants d'Europe, et entretint avec eux une correspondance immense qui témoigne de l'universalité de son génie.

Il fit plusieurs voyages en Angleterre, en Hollande, en France surtout, où il demeura pendant quatre ans, honoré et recherché par les plus illustres personnages et toutes les sociétés savantes. L'Académie de Paris le mit à la tête de ses associés étrangers, et lui-même fonda celle de Berlin.

En 1677, à son retour de France, il se fixa à Hanovre. Nommé par le duc de Brunswick conservateur de sa bibliothèque, il remplit fidèlement cette charge pendant quarante ans, jusqu'à sa mort (1716), tellement livré à l'étude, qu'il lui arrivait souvent, dit-on, de ne pas sortir de sa chaise durant plusieurs semaines.

Plusieurs projets généreux se rattachent au nom de Leibniz et prouvent mieux ses sentiments généreux que sa réelle connaissance des hommes et des affaires. Il suffira de les énumérer :

1° Dessein d'un rapprochement entre l'Église catholique et les sectes protestantes (correspondance avec Bossuet);

2° Dessein d'un *mariage* entre l'Égypte et la France (lettre
à Louis XIV);

3° Utopie d'une paix perpétuelle entre tous les États confé-
dérés, sous l'autorité de l'empereur au temporel et du pape au
spirituel;

4° Utopie d'une langue universelle fondée sur un principe
analogue à la notation algébrique.

Ouvrages. — Les principaux ouvrages philosophiques de
Leibniz sont : les *Nouveaux essais sur l'entendement humain*
(1703), critique sous forme de dialogue de l'*Essai sur l'entendement humain* de Locke; les *Essais de théodicée* (1710) sur
la bonté de Dieu, la liberté de l'homme et l'origine du mal,
adressés à la princesse Sophie-Charlotte, femme de Frédéric Ier;
la *Monadologie* (1714), résumé succinct de sa philosophie, écrit
pour le prince Eugène.

Outre ces ouvrages, écrits en français, il faut citer de nombreuses lettres et plusieurs opuscules latins : *De primæ philosophiæ emendatione...* (1694); *De ipsa natura; Meditationes
de cognitione*, etc.

PHILOSOPHIE DE LEIBNIZ

Nulle part Leibniz n'a donné un résumé complet des principes de sa philosophie; il faut aller les puiser dans ses divers
ouvrages; mais il n'est pas très difficile de les condenser en un
corps de doctrine.

Nous exposerons successivement sa *théorie générale des
substances*, puis sa *psychologie* et sa *théodicée*.

Théorie générale des substances. — On peut considérer
les substances : dans leur *nature*, dans leurs *diverses espèces*,
dans les *rapports* qui les unissent.

Nature de la substance. — *Monades.* — Descartes avait placé
l'essence de la substance spirituelle dans la pensée et l'essence
de la substance matérielle dans l'étendue. Leibniz attaque surtout cette seconde partie de la doctrine cartésienne : affirmer
que la matière n'est qu'étendue, c'est, dit-il, ne mettre dans
l'univers qu'*inertie* et torpeur; c'est nier l'existence des forces
physiques; c'est attribuer à Dieu la production de tous les
phénomènes sensibles; c'est tendre au panthéisme de Spinoza.
Le vice radical du cartésianisme est une fausse définition de la
substance.

Pour Leibniz, toute substance est essentiellement une *force*. Cette force n'est pas seulement une simple faculté ou puissance d'agir qui, pour passer à l'acte, aurait besoin d'une excitation étrangère; c'est plutôt une tendance continuelle à l'acte, et cet acte elle le produit sans cesse par sa propre vertu.

La force est essentiellement *simple*, « elle ne s'imagine pas; » elle est douée d'une *activité purement interne*, « comme notre âme, à l'imitation de laquelle on peut la concevoir; » elle est *indestructible* naturellement. Leibniz, pour bien marquer son unité, lui donne le nom de *monade*.

Les monades sont en nombre infini, ou plutôt *sans nombre*, et toutes *différentes* les unes des autres; car, si deux êtres étaient *indiscernables*, Dieu n'aurait eu aucune raison suffisante de les créer dans des temps et dans des lieux différents.

Toutes les monades sont douées d'*appétition* et de *perception*. « L'appétition est une certaine tendance au changement, ou à passer d'une perception à une autre. » La perception, selon Leibniz, c'est « la représentation de l'externe dans l'interne, du composé dans le simple, de la multitude dans l'unité »; c'est une certaine modification de la monade correspondant à l'état de l'univers. Chaque monade renferme en soi la capacité de toutes les manières d'être possibles, et par là même est *représentative de tout l'univers*. Elle ne *perçoit* cependant immédiatement que la partie de l'univers qui est en rapport direct avec le corps [1] dont elle est l'*entéléchie*.

Diverses espèces de monades. — Les monades offrent des degrés divers et continus de perfection; toutefois celles de ce monde peuvent se ranger en trois groupes : — (a) Les monades simples ou « nues », dont les perceptions sont *confuses* et *inconscientes;* ce sont toutes celles qui entrent dans la composition des corps. — (b) Les monades dont les perceptions « plus relevées » sont accompagnées de conscience et de mémoire; ce sont les âmes des animaux. Leurs perceptions prennent le nom de *sensations* et sont suivies de *consécutions* qui ressemblent à une conduite raisonnée. — (c) Les monades dont les perceptions sont accompagnées d'intelligence, c'est-à-dire de la connaissance des vérités universelles et nécessaires; ce sont les âmes

---

[1] Toute monade, même angélique, Dieu seul excepté, a quelque corps.

humaines. Leurs perceptions prennent le nom d'*aperceptions ;* elles sont distinctement *aperçues.*

Dieu traite les monades des deux premiers groupes comme « un ingénieur sa machine », et celles du troisième groupe comme « un roi ses sujets ». Les premières subissent des métamorphoses variées; les autres ne perdent jamais leur personnalité et tendent à la perfection. Les unes et les autres datent du premier jour de la création.

Rapports des monades entre elles. — Les monades simples, en s'unissant, forment les corps bruts. Les corps organisés sont des agrégats d'individus auxquels une « monade dominante » impose son unité. Les monades supérieures, jointes à des corps organisés, constituent les hommes. Mais ces rapports qui unissent entre elles les monades donnent lieu à plusieurs difficultés.

Les corps sont *étendus ;* comment expliquer cette étendue, si toute substance est composée d'éléments simples? A cette première difficulté Leibniz répond en niant que l'étendue soit une propriété réelle de la matière. L'étendue n'est autre chose que la manière dont nous nous représentons les forces coexistantes avec lesquelles nous sommes en relation. Ces forces, considérées en elles-mêmes, sont inétendues et sans parties; mais la coordination de ces forces et leur rapport avec nos organes produit l'apparence qu'on nomme l'étendue.

Le système de Leibniz laisse subsister tous les principes cartésiens relatifs à l'explication des phénomènes sensibles; mais il ne s'arrête pas à un pur mécanisme. Ce mécanisme rend compte de la nature visible par les lois du mouvement, il ne donne pas la raison du mouvement. Leibniz a recherché cette raison, et la place dans la force que possède chaque être de la nature sans exception. Le mécanisme est à la surface des choses, le *dynamisme* en est le fond.

Chaque monade se développe suivant sa loi propre ; mais elle ne peut exercer aucune influence sur les autres monades. Comment donc se fait-il qu'il y ait tant d'harmonie dans l'ensemble? C'est, répond Leibniz, que les développements de chaque monade sont éternellement en connexion avec les développements de toutes les autres. D'après ce principe, les monades douées de perception qui constituent les corps agissent suivant la force qui les meut, comme s'il n'y avait point d'âme ; de même, les monades douées d'aperception, ou les âmes, agissent comme s'il n'y avait point de corps. Mais, en vertu de l'*harmonie préétablie* par Dieu [1], ces deux séries d'actions, quoique entièrement indépendantes, sont pourtant dans un parfait accord, en sorte que dans l'homme, par exemple, aux mouvements du corps correspondent certaines sensations dans l'âme, et réciproquement aux pensées de l'âme correspondent exactement certaines modifications dans le corps.

Psychologie. — L'âme est une force simple, essentiellement active et qui pense toujours (*vis sui conscia*); mais ses pensées sont de deux sortes : les unes insensibles, confuses, ce sont les *perceptions;* les autres distinctes, conscientes, que Leibniz appelle des *aperceptions.* Les principales doctrines psychologiques de Leibniz se rattachent à la *théorie de la raison* et à celle de la liberté.

Théorie de la raison. — Tandis que, pour Locke, notre âme est comme une *table rase* sur laquelle l'expérience vient graver distinctement toutes sortes de caractères, Leibniz dit qu'elle est semblable à un marbre de Paros où sont marqués d'avance, par des veines naturelles, les contours et les formes de la statue que le travail de l'expérience ne fait que mettre au jour. *Nihil est in intellectu quod non prius fuerit in sensu,* avait dit Locke; Leibniz corrige cette maxime par ces mots qu'il y ajoute : *nisi ipse intellectus;* il y a en nous quelque chose d'inné : la raison et ses lois.

Ces lois, que nous appliquons dès que l'expérience nous en fournit l'occasion, sont au nombre de deux : le *principe de contradiction* et le *principe de raison suffisante.* Le premier correspond au possible; le second nous conduit à l'existence réelle.

Du principe de raison suffisante découlent d'autres principes fondamentaux : (a) le principe de *causalité :* tout ce qui commence d'exister a une cause; — (b) le principe de *finalité :* tout ce qui se produit a une fin ; — (c) le principe du *meilleur :* le moins bon n'a pas de raison d'être dès que le meilleur est possible ; — (d) le principe de *continuité :* le vide dans le temps

---

[1] Leibniz explique cette harmonie préétablie par la comparaison de deux horloges si parfaitement réglées d'avance qu'elles demeurent d'accord, et celle d'un orchestre dont le compositeur a harmonisé d'avance toutes les parties.

ou dans l'espace, dans la quantité ou dans la perfection des
êtres, n'a pas de raison suffisante dès que la continuité est
possible.

Théorie de la liberté. — « La liberté, dit Leibniz, consiste
dans l'*intelligence* qui enveloppe une connaissance distincte
de l'objet de la délibération ; dans la *spontanéité* avec laquelle
nous nous déterminons ; et dans la *contingence,* c'est-à-dire
dans l'exclusion de la nécessité logique ou métaphysique. » La
spontanéité et la contingence se rencontrent dans tous les actes
des monades ; il s'ensuit que l'intelligence est le caractère
propre et comme « l'âme de notre liberté », le principe qui la
détermine.

Notre liberté n'est point une liberté d'indifférence qui agi-
rait sans motifs ; cette liberté est impossible et ne se trouve
même pas en Dieu. Elle est déterminée par le plus grand
bien. De ce que la volonté d'un être intelligent est toujours
conforme aux motifs qui la sollicitent plus puissamment, faut-
il en conclure que cette volonté n'est pas libre ? Non, car les
motifs qui me déterminent sont mes motifs, et, en leur obéissant, c'est à moi que j'obéis ; or ne dépendre que de soi, c'est
être libre. Tel est le *déterminisme* de Leibniz, auquel il faut
opposer la définition qu'a donnée M. Janet de la liberté : faculté
d'agir contre l'inclination prévalente.

De son déterminisme, Leibniz conclut que l'activité étant
toujours subordonnée à la raison, on ne veut le mal que parce
qu'on le prend pour un bien, que l'homme ne fait le mal que
par erreur. Leibniz adopte, on le voit, l'opinion de Socrate et
de Platon sur la vertu.

Théodicée. — Dieu est la seule raison suffisante de l'existence des êtres que nous voyons, la seule raison suffisante
de l'harmonie qui règne entre eux. A ces deux preuves de
l'existence de Dieu, Leibniz ajoute l'argument de saint
Anselme déjà reproduit par Descartes, et s'efforce de le rendre
inattaquable.

Les perfections de Dieu sont celles de nos âmes, mais il les
possède sans bornes. Il y a en nous quelque puissance, quelque
connaissance, quelque bonté ; il est l'être infiniment puissant,
infiniment intelligent, infiniment bon. De là Leibniz déduit
la célèbre doctrine de l'*optimisme : «* La suprême sagesse,
jointe à une bonté qui n'est pas moins infinie qu'elle, n'a pu

manquer de choisir le meilleur; » donc le monde actuel est
le meilleur possible. Sa perfection est sa seule raison d'être.
Leibniz ne se borna pas à établir son optimisme *à priori*,
il voulut aussi vérifier son système *à posteriori*, et concilier
l'existence du mal avec la perfection du monde. Il distingue
dans ce but trois sortes de maux : le mal métaphysique, le
mal physique et le mal moral, et remarque qu'on ne doit
point considérer le monde en un instant déterminé de sa durée,
mais dans sa durée entière, « qui s'étend par toute l'éternité
future. »

APPRÉCIATION. — Pour apprécier la philosophie de Leibniz,
il ne faut pas oublier qu'elle est une double réaction contre
le sensualisme de Locke d'une part, contre quelques principes
de la doctrine cartésienne de l'autre. On ne peut disconvenir
qu'elle ne renferme des aperçus pleins de grandeur et d'élévation; toutefois elle contient aussi des erreurs graves : Leibniz
confond la liberté avec la volonté; il méconnait le véritable
caractère de l'union de l'âme et du corps; sa théorie de l'optimisme tend à nier la toute-puissance divine et implique la
nécessité de la création. Si le système dans son ensemble est
nettement opposé au sensualisme, peut-être n'échappe-t-il
pas également au danger de l'idéalisme.

II. — Disciples de Leibniz.

Au mouvement philosophique que nous venons d'étudier on
peut rattacher : *Christian Thomasius* (1655-1728), qui compléta
la notion de substance donnée par Leibniz, mais s'occupa
surtout de droit naturel; — *Christian Wolf* (1679-1754), pro-
pagateur ardent de la philosophie de Leibniz en Allemagne;
— le *P. Boscowich* (1711-1787), qui modifia la théorie des
monades. Il conçoit les derniers éléments des corps comme
des points réels, indivisibles et inétendus, placés à distance
les uns des autres et doués d'une double force d'attraction et
de répulsion. Cette double loi lui suffisait pour expliquer tous
les phénomènes de la nature et toutes les qualités des corps;
— *Jean-Baptiste Vico* (1663-1744), de Naples, célèbre par
son ouvrage de la *Science nouvelle*, dans lequel il pose les
premiers principes de ce qu'on a appelé depuis la philosophie
de l'histoire.

III. — Autres systèmes.

Le système de Leibniz est un système éclectique. Le *scepticisme* et le *mysticisme* devaient aussi sortir des conséquences extrêmes auxquelles avaient abouti les deux écoles de Bacon et de Descartes.

1° Le *scepticisme* est représenté au XVIIᵉ siècle par *Glanville* (1636-1680), en Angleterre, — et *Bayle* (1647-1706), en France. Ce dernier est l'auteur d'un grand *Dictionnaire historique et critique*, où toutes les questions philosophiques sont traitées et mises en doute.

Il faut rapprocher des sceptiques, sans les confondre absolument avec eux : — *Pascal* (1623-1662), déjà mentionné comme disciple de Descartes, — et *Huet* (1630-1721), évêque d'Avranches, qui tous deux tendent à déprécier la puissance de la raison humaine, pour placer dans la foi l'unique fondement de toutes nos connaissances.

2° Le *mysticisme* compte de nombreux représentants : — *Cudworth* (1617-1688), célèbre par la théorie du *médiateur plastique*, qu'on lui attribue, et rangé par quelques auteurs parmi les traditionalistes ; — *Van Helmont* (1618-1699), qui prétendait avoir trouvé la pierre philosophale et la langue primitive, parlée autrefois par les hommes ; — *Pordage* (1625-1698), disciple du cordonnier de Gorlitz ; — *Poiret* (1646-1719), de Metz, protestant, auteur de nombreux écrits de théologie mystique. — Joignons à ces noms celui de *Swedenborg* (1688-1772), bien qu'il appartienne au XVIIIᵉ siècle.

DEUXIÈME ÉPOQUE

XVIIIᵉ SIÈCLE

Nous donnerons successivement quelques notions sommaires sur l'histoire de la philosophie durant cette époque : 1° en France ; 2° en Angleterre et en Écosse ; 3° en Allemagne.

I. — PHILOSOPHIE EN FRANCE

On peut distinguer en France un triple mouvement philosophique : un mouvement *sensualiste* et *matérialiste,* un mouvement *rationaliste* et *impie,* un mouvement *social* et *économiste.*

I. — Mouvement sensualiste et matérialiste.

I. — Sensualisme. — Condillac.

Étienne Bonnot de Condillac (1715-1780) naquit à Grenoble. Il fut nommé précepteur du duc de Parme, petit-fils de Louis XV, pour lequel il composa un cours d'étude. Ses principaux ouvrages sont : l'*Essai sur l'origine des connaissances humaines* (1746) et le *Traité des systèmes* (1749), réfutation de Descartes, Malebranche, Spinoza et Leibniz ; — le *Traité des sensations* (1754) et le *Traité de la langue des calculs* (posthume).

Dans les deux premiers de ces ouvrages, Condillac ne fait que reproduire et compléter les aperçus de Locke sur l'origine du langage et ses rapports avec la pensée. Dans les deux derniers, sa pensée se détermine ; il se sépare de son maître, et s'efforce de faire dériver nos connaissances et nos facultés elles-mêmes de la seule *sensation*.

« Supposons, dit-il, une statue organisée comme nous et douée d'un 'esprit encore dépourvu de toute idée. A la première odeur, la capacité de sentir de la statue est tout entière dans l'impression qui se fait sur son organe ; voilà ce que *j'appelle attention*. » C'est là le point fondamental du système. De l'attention découlent toutes les autres facultés de l'intelligence : la *comparaison* n'est qu'une double attention ; la *mémoire*, ce qui reste d'une sensation passée ; le *jugement* résulte de la comparaison ; la *réflexion* n'est qu'une suite de jugements qui s'appelle *imagination* quand elle porte sur des images ; enfin raisonner c'est tirer un jugement d'un autre qui le renfermait. Il n'y a donc que des sensations dans nos *raisonnements* comme dans nos jugements.

En considérant nos sensations comme représentatives, nous venons d'en voir sortir toutes les facultés de l'entendement. Si nous les considérons maintenant comme affectives, nous en verrons naître les facultés qu'on rapporte à la volonté. La souffrance qui résulte de la privation d'une chose agréable est le *besoin ;* le besoin dirige toutes nos facultés sur un objet, et cette direction est le *désir ;* le désir tourné en habitude est la *passion ;* rendu plus énergique, il devient l'*espérance ;* le désir absolu est la *volonté* entendue dans le sens strict.

6*

En résumé on appelle *entendement* la réunion de la sensation, de la comparaison, etc... On appelle *volonté* la réunion de la sensation agréable ou désagréable, du besoin, du désir, etc... Le mot *pensée* réunit les facultés de l'entendement et de la volonté, et comme toutes ces facultés naissent nécessairement de la sensation, la *pensée* quelle qu'elle soit n'*est qu'une sensation transformée*.

Condillac insiste comme Locke sur la question du langage, mais tombe dans des erreurs graves qu'avait su éviter le philosophe anglais. Pour lui, le langage est le principe de nos diverses facultés, les sciences ne sont qu'une suite de propositions identiques, et, par suite, une science bien faite n'est qu'une langue bien faite.

Observations. — Le système de Condillac repose sur ce principe que l'âme ne connaît les objets extérieurs que par la sensation ; mais rien n'est plus faux. Un être qui n'aurait que la propriété de sentir ne connaîtrait jamais.

D'après Condillac, l'attention n'est qu'une sensation exclusive ; c'est la partie la plus faible du système. La sensation est un fait passif, et l'attention est active ; il y a entre ces deux choses un abîme infranchissable.

Dans les autres parties du système, bien des erreurs de détail encore. La comparaison n'est point une double attention, et le jugement n'est pas toujours une comparaison. Quant à la théorie des facultés de la volonté, elle est absolument fausse ; Condillac fait au langage la plus étrange violence en transformant la passion en espérance, l'espérance en volonté. Enfin, par un inexplicable oubli, Condillac, dans son système sur les facultés de l'âme, se tait sur la liberté ; la confondre avec l'instinct ou le désir est chose familière à son école.

II. — Matérialisme.

Le matérialisme est la conséquence logique du sensualisme de Condillac. Ses principaux représentants furent : *Helvétius* (1715-1771), qui, perverti par Voltaire, professa ouvertement cette erreur dans son livre de l'*Esprit* et son *Traité de l'homme ; —* le baron *d'Holbach* (1723-1789), qui a écrit, entre autres ouvrages matérialistes et athées, son *Système de la nature ; — Saint-Lambert* (1717-1803), qui réduisit la morale d'Helvétius en préceptes pratiques dans une sorte de manuel, connu sous le nom de *Catéchisme universel;* — *Lamettrie* (1709-1752), auteur de l'*Homme-plante* et de l'*Homme-machine.*

II. — Mouvement rationaliste et impie.

A côté du mouvement matérialiste, que plusieurs *encyclopédistes* tendaient à populariser, il faut signaler un mouvement rationaliste qui, d'accord avec le précédent en morale, s'en sépare assez nettement dans toutes les questions métaphysiques.

Les rationalistes se posent en défenseurs des droits de la raison; en réalité, ce qui les caractérise, c'est l'incrédulité, le parti pris de rejeter toute croyance chrétienne, les mystères, la révélation.

Les principaux rationalistes sont : — *d'Alembert* (1717-1783); — *Jean-Jacques Rousseau* (1712-1778), l'auteur du *Contrat social* et de l'*Émile;* — *Voltaire* (1694-1778), c'est-à-dire « le scepticisme sous sa livrée la plus brillante et la plus légère » (Cousin); — *Diderot* (1713-1784), directeur, avec d'Alembert, de l'*Encyclopédie.*

III. — Mouvement social et économiste.

Les préoccupations sociales et économistes sont universelles au xviiⁱᵉ siècle, et font éclore de nombreux systèmes, qui tous ont pour but « de substituer des règles simples et élémentaires, puisées dans la raison et dans la loi naturelle, aux coutumes compliquées et traditionnelles qui régissent la société de leur temps ». (De Tocqueville.)

Citons seulement quelques noms.

MONTESQUIEU (1689-1755), dans son grand ouvrage *de l'Esprit des lois*[1], part de cette idée que « les lois sont les rapports nécessaires qui dérivent de la nature des choses », et demande à la raison l'explication des lois morales et sociales; mais il exagère l'influence des circonstances extérieures. Il admet quatre formes de gouvernement : le despotisme, établi sur la

---

[1] Le titre complet de l'ouvrage est celui-ci : *de l'Esprit des lois, ou du rapport que les lois doivent avoir avec la constitution de chaque gouvernement, mœurs, climat, religion,* etc.

crainte; la monarchie, dont le principe est l'honneur; la république, qui repose sur la vertu, et le gouvernement mixte ou parlementaire, fondé sur le principe de la division des pouvoirs. Ses préférences sont pour cette dernière. Son livre, plein d'observations précieuses, renferme aussi de graves erreurs; il ne peut être lu qu'avec précaution.

QUESNAY (1694-1774) est le fondateur de l'école économiste connue sous le nom d'école des physiocrates. Il regardait la terre comme la seule source de richesses, et en concluait que l'impôt doit être unique, assis sur le revenu de la terre, et payé par le propriétaire foncier.

TURGOT (1727-1781), ministre de Louis XVI, a contribué à faire de l'économie politique une véritable science; il partageait les idées de Quesnay sur la source de la richesse, et tenta quelques réformes au moins inopportunes, qui excitèrent contre lui ceux qu'il voulait aider, aussi bien que ceux qu'il voulait combattre.

CONDORCET (1743-1794) appartient aux encyclopédistes en même temps qu'aux économistes; il a proclamé le principe de la perfectibilité indéfinie de l'espèce humaine.

Nous n'insisterons pas davantage sur la philosophie française au XVIIIe siècle; on peut la juger d'un mot, en affirmant qu'on lui doit la révolution de 1789.

II. — PHILOSOPHIE EN ANGLETERRE ET EN ÉCOSSE

Au XVIIIe siècle, la philosophie nous apparaît en Angleterre et en Écosse comme une réaction contre la philosophie de Locke et les conséquences matérialistes qu'on en tirait en France. Tantôt la réaction est extrême, et produit en métaphysique l'*idéalisme* et le *scepticisme;* tantôt elle est incomplète, et aboutit en morale au *sentimentalisme* ou à l'*intérêt bien entendu;* enfin elle est plus complète et plus sage tout à la fois dans l'*école écossaise,* dite *du sens commun.*

I. — Idéalisme et scepticisme.

I. — Idéalisme.

Berkeley (1684-1753), Irlandais d'origine et évêque anglican de Cloyne, a exposé ses idées métaphysiques dans la *Nouvelle*

Théorie de la vision, les *Principes de la connaissance humaine* et les *Dialogues entre Hylas et Philonoüs*.

Berkeley part de la théorie de la connaissance de Locke : nous ne connaissons les *choses* que par les idées que nous en avons, nous ne les connaissons pas directement. Ces choses, que nous *supposons* comme des substances qui seraient le soutien des phénomènes, existent-elles réellement? Nous ne pouvons pas l'affirmer, puisque nous ne connaissons que ce qui est en nous, nos idées, et que rien ne nous assure de la conformité de ces idées à leurs objets.

« Mais, dit Berkeley, les idées n'existent qu'en tant qu'elles sont aperçues; il faut donc que nous, qui percevons ces idées, nous existions. »

Sommes-nous seuls au monde? Non, répond Berkeley, car nos idées s'imposent souvent à nous; elles se produisent en nous dans un certain ordre harmonieux qui ne dépend pas de nous : il existe donc un autre esprit qui produit ces idées dans le nôtre. Une série de phénomènes, dont ni la production ni l'enchaînement ne dépendent de nous, voilà le monde; il n'existe que dans l'intelligence humaine, qui le perçoit, et dans l'intelligence divine, « qui le contient et le soutient. »

Berkeley avait voulu réfuter le matérialisme, il tombe dans l'idéalisme. A un autre point de vue, en ne voyant dans les phénomènes physiques que succession, sans causalité, il prépare l'école empirique anglaise de Stuart Mill.

« Avec l'idéalisme de Berkeley on conservait la foi dans l'existence de l'âme, sujet de toutes nos idées, et dans l'existence de Dieu, cause première de toutes ces idées. Hume vint, qui mit à néant toutes ces croyances et détruisit l'esprit au même titre que Berkeley avait détruit la matière dans ses qualités premières, et que Locke avait enlevé les qualités secondes à notre connaissance. » (Cousin.)

II. — Scepticisme.

Hume (1711-1776) naquit à Édimbourg. Ses principaux ouvrages sont : un *Traité de la nature humaine*, des *Essais de morale, de politique et de littérature*, des *Recherches sur l'entendement humain* et une *Histoire d'Angleterre*. Il composa les deux premiers en France, où il passa une partie de sa vie.

Berkeley avait déduit des principes de Locke la négation du monde extérieur; Hume en déduit la négation absolue de toute substance, soit corporelle, soit spirituelle.

La philosophie a pour but la *critique* de notre intelligence, qui nous apprend *ce que les choses sont en nous et pour nous.*

Nous ne connaissons rien que nos *états de conscience* et les *rapports* qui les relient.

Les états de conscience, ou phénomènes internes, sont de deux sortes : 1° les *impressions,* ou perceptions actuelles; ce sont les sensations, passions, émotions diverses que nous ressentons; 2° les *idées,* ou images affaiblies des impressions qui se reproduisent en nous par le souvenir ou l'imagination. — Les *rapports* qui relient ces états de conscience ne sont autres que ceux qui servent de base à l'association des idées, savoir : les rapports de *ressemblance ou de contraste, de contiguïté de temps ou de lieu, et de succession constante.*

Hume n'admet pas d'autre principe de nos pensées. « L'esprit, dit-on, existe comme cause et comme substance de nos idées; mais *il n'y a,* répond Hume, *ni cause ni substance,* l'expérience n'en révèle aucune trace, il n'y a aucune idée de sensation ni de réflexion qui y soit conforme. » La *substance* n'est en réalité *qu'une collection de différentes perceptions ;* les impressions proprement dites constituent ce que nous appelons l'extérieur; les reflets affaiblis de ces impressions, ou les idées, constituent l'intérieur; l'idée de *cause* n'est que l'expression d'une *succession nécessaire, conçue par l'esprit, en vertu de l'habitude.*

C'est le scepticisme le plus absolu; Hume essaye, mais en vain, d'y échapper en admettant des croyances probables dans l'ordre logique et dans l'ordre moral un sentiment, comme principe de conduite; c'est en appréciant sa philosophie qu'on a dit ce mot si fréquemment répété : « On ne fait pas au scepticisme sa part. »

II. — Sentimentalisme et intérêt bien entendu.

Nous avons déjà fait connaître et nous avons apprécié, en étudiant la loi morale, ces différents systèmes ; nous nous bornerons ici à rappeler quelques noms.

1° *Sentimentalisme.* — Antoine Ashley, comte de Shaf-

TESBURY (1671-1713), rejette toute conception du bien en soi, et par conséquent détruit toute différence essentielle entre le bien et le mal. C'est un *sens réfléchi*, un *sens moral,* qui nous porte à approuver certaines actions comme bonnes, à en blâmer d'autres comme mauvaises.

FRANÇOIS HUTCHESON (1694-1747), Irlandais d'origine, devint à trente-cinq ans professeur à l'université de Glasgow, en Écosse, et y demeura jusqu'à sa mort. Sa psychologie se rapproche de celle de Locke; mais sa morale repose tout entière sur une faculté spéciale, le *sens moral,* à laquelle il joint l'idée de *bienveillance.*

ADAM SMITH (1723-1790), Écossais, fut, comme le précédent, professeur à l'université de Glasgow. Sa *Théorie des sentiments moraux* le fait rentrer dans l'école morale des sentimentalistes; mais ses *Recherches sur la nature et les causes de la richesse des nations* le placent au premier rang des économistes.

En *morale,* Adam Smith admet le principe de la *sympathie,* et prétend établir que tout acte qui nous est sympathique est bon; que tout acte pour lequel nous éprouvons antipathie est mauvais. Pour juger nos propres actions, nous devons nous mettre à la place d'un *spectateur impartial.*

En *économie politique,* Adam Smith réfute la doctrine des physiocrates, établit que la vraie source de la richesse est dans le travail, et que les conditions de sa fécondité sont la division et la liberté, soit de la protection, soit de l'échange.

2° *Morale utilitaire.* — JÉRÉMIE BENTHAM (1748-1832) naquit à Londres et y mourut, ordonnant par son testament que son corps fût livré aux amphithéâtres d'anatomie. Bentham pose en principe, comme Hobbes, que l'homme est essentiellement égoïste. « Nul homme, dit-il, ne lèvera pour autrui le petit bout du doigt, s'il n'y voit son plus grand intérêt. » La morale n'est que « la régularisation de l'égoïsme ». Elle ordonne de supputer les différents plaisirs, de les comparer, puis de choisir celui qui est supérieur en *quantité.* Tel est le principe de la morale utilitaire, fondée par Bentham et développée par l'école anglaise contemporaine, qui se bornera à introduire un nouvel élément de calcul moral : la *qualité.*

III. — École écossaise proprement dite ou école du sens commun.

Quatre philosophes représentent cette école, que Cousin appelle « une protestation du *sens commun* de l'humanité contre les excès du sensualisme » et du scepticisme : Thomas Reid, Dugald-Stewart, Royer-Collard et Hamilton.

Thomas Reid (1710-1796) était fils d'un ministre presbytérien. Après avoir été pasteur d'une petite paroisse, il devint professeur à Aberdeen, puis à Glasgow, où il succéda à Adam Smith dans la chaire de philosophie. Ses ouvrages : *Recherches sur l'entendement humain, Essais sur les facultés intellectuelles, Essais sur les facultés actives,* ne sont que le résultat de ses leçons ; ils ont été traduits en français par Jouffroy.

Selon Thomas Reid, l'excès de la spéculation conduit au scepticisme et éloigne du sens commun. Le premier objet que la philosophie doive étudier, c'est l'âme ; et la vraie méthode à suivre dans cette étude, c'est d'appliquer aux faits intérieurs la méthode d'observation décrite par Bacon ; on fera ainsi « l'histoire naturelle de l'âme ». Quant aux questions métaphysiques de cause, de fin, d'origine, de substance, il faut s'en rapporter sur tous ces points aux suggestions du *sens commun.*

Ces principes posés, Reid commence l'étude descriptive des facultés de l'âme, et les divise en facultés *intellectuelles* (sens, mémoire, conception, abstraction, jugement, raisonnement, goût, perception, morale, conscience), et en facultés *actives* (instincts, habitudes ; appétits, désirs, affections ; intérêt, devoir), qu'il ramène à trois principes d'actions : principes *mécaniques,* principes *animaux* et principes *rationnels.*

Nous n'entreprendrons pas de le suivre dans cette analyse pleine de délicatesse ; nous nous contenterons de rappeler quelques propositions qui peuvent suffire à caractériser sa doctrine.

Il rejette, comme une hypothèse inutile, dangereuse et contraire au sens commun, l'existence des *idées-images,* sorte d'intermédiaire obligé entre les objets et nous, et prétend que nous percevons directement et immédiatement ces objets. — Locke avait dit que le jugement était toujours la perception d'une convenance ou disconvenance entre deux idées. Reid nie cette assertion comme contraire à l'expérience : « Notre première opération, dit-il, est un jugement naturel et primitif que nous portons sur l'existence des choses qui s'offrent à nous ; c'est par la décomposition de ce jugement que nous nous formons de chaque chose les idées que nous en avons. — Sur quoi repose l'évidence de nos jugements primitifs? Sur le principe de contradiction, répondait Descartes. » Tout autre est le fondement de nos connaissances pour Thomas Reid. « Les jugements primitifs, évidents par eux-mêmes, sont tous ceux que nous portons spontanément, en vertu d'un certain *bon sens naturel à tous les hommes, qui fait que, malgré tous nos efforts, nous ne pouvons les révoquer en doute, et qu'ils nous paraissent plus clairs que toute démonstration. » Ils se rapportent aux *vérités contingentes* aussi bien qu'aux *vérités nécessaires.*

Thomas Reid est un observateur exact et judicieux, il n'est pas métaphysicien; il décrit les phénomènes, il ne les explique pas; il énumère toutes les facultés de l'âme, tous les jugements primitifs de la raison; il ne les classe pas, n'en montre pas l'unité.

DUGALD-STEWART (1753-1828) est le plus célèbre des disciples de Thomas Reid; il continue l'enseignement du maître dans ses *Éléments de la philosophie de l'esprit humain.*

ROYER-COLLARD (1753-1845) professa à Paris, sous l'empire, les doctrines de l'école écossaise; il eut pour disciples Cousin, Damiron, Jouffroy.

WILLIAM HAMILTON (1788-1856) a écrit des *Discussions sur la philosophie,* des *Leçons de logique* et des *Leçons de métaphysique.* L'influence de Kant se fait sentir dans ses ouvrages: toute connaissance est un rapport entre l'intelligence et son objet; notre connaissance est donc essentiellement relative et ne peut jamais être absolue. « Penser, dit Hamilton, c'est conditionner, limiter, c'est-à-dire soumettre l'objet à des conditions, à des limites, ne fût-ce qu'aux conditions, aux limites de notre pensée même. »

De là résulte pour Hamilton que l'infini, l'absolu, est *inconcevable* pour la raison et ne peut être que l'objet de la foi. On ne peut en effet concevoir un être réel sans le déterminer, sans le placer dans une catégorie, or tout être déterminé, placé dans une catégorie, est par le fait même particulier, relatif; l'absolu, qui est le *non-relatif,* est donc la négation de toute détermination, de toute conception, négation totale qui ne laisse que le vide dans notre esprit.

Mais, comme le remarque M. Vallet, auquel nous empruntons ces pensées, « la détermination, loin d'être une pure négation, suppose au contraire un degré d'être précis, arrêté; de sorte qu'il ne faut pas dire que l'absolu ne saurait être déterminé parce qu'il est parfait, mais qu'il est au sommet de la détermination parce qu'il est au sommet de la perfection. »

III. — PHILOSOPHIE EN ALLEMAGNE

I. — Kant.

Kant (1724-1804) naquit à Kœnigsberg et y professa presque toutes les sciences. Aucune vie de philosophe n'offre peut-être moins d'événements remarquables.

« Au fond des mers du Nord, il y avait alors une bizarre et puissante créature, un homme; non, un système, une scolastique vivante, hérissée, dure; un roc, un écueil taillé à pointes de diamant dans le granit de la Baltique. Toute philosophie avait touché là, s'était brisée là. Et lui, immuable. On l'appelait Emmanuel Kant; lui, il s'appelait critique. Soixante ans durant, cet être tout abstrait, sans rapport humain, sortait juste à la même heure, et, sans parler à personne, accomplissait pendant un nombre donné de minutes, précisément le même tour, comme on voit, aux vieilles horloges des villes, l'homme de fer sortir, battre l'heure et puis rentrer. » (Michelet.)

Les principaux **ouvrages** de Kant sont : la *Critique de la raison pure*, la *Critique de la raison pratique* et la *Critique du jugement;* les *Éléments métaphysiques de la doctrine des mœurs*, et les *Principes métaphysiques du droit*. De ces ouvrages on peut dire, avec Joubert, que « c'est un mont Athos taillé en philosophie, on s'y casse la tête ».

CRITICISME TRANSCENDANTAL DE KANT

L'idée première de Kant est d'en finir avec le scepticisme. Pour résoudre le problème métaphysique de la certitude, au lieu d'accepter « que toute connaissance doit se régler d'après les objets », il suppose « que les objets doivent se régler sur les lois de l'esprit ». De là l'analyse approfondie de la connaissance, pour en discerner les différents éléments, découvrir parmi ces éléments ceux dans la vérité desquels toute vérité humaine vient se résoudre, apprécier enfin la valeur de ces éléments ou l'autorité des facultés qui les donnent.

Cette étude critique comprend trois parties :

I. **Critique de la raison pure.** — Kant s'y propose d'arriver à la raison dernière de nos croyances.

Après avoir distingué les jugements *analytiques* et les jugements *synthétiques,* il établit que les jugements synthétiques, étant les seuls qui nous fassent acquérir quelque connaissance, sont aussi les seuls qui constituent les sciences. Or ces jugements selon lui sont de deux sortes : *à posteriori* et *à priori.* Les jugements synthétiques *à posteriori* se conçoivent facilement, ils ne sont que le résultat de l'expérience ; *mais comment les jugements synthétiques* à priori *sont-ils possibles?* Tel est le problème à résoudre.

Pour répondre à cette question, Kant distingue dans toute connaissance deux éléments essentiels : l'un *empirique,* et l'autre *rationnel* ou *à priori.* Le premier vient du dehors, l'esprit ne fait que le recueillir; il est de sa nature variable et particulier ; Kant l'appelle la *matière,* l'élément matériel. Le second vient de l'esprit lui-même, qui le tire de son propre fonds et l'ajoute au premier; il est immuable, universel; c'est la *forme,* l'élément formel.

Kant observe que ce dernier élément est le vrai fondement de la connaissance; de soi, la matière ne dépasse pas l'ordre *purement phénoménal;* c'est par l'application de la forme, c'est-à-dire des lois de l'esprit, qu'elle devient *objet.*

La question du scepticisme se réduit donc à celle-ci : Quels sont les éléments *à priori* de toute connaissance? quelle est leur valeur? Or toute connaissance se ramène ou à la *sensibilité,* ou à l'*entendement,* ou à la *raison.*

1° *Théorie de la sensibilité* ou *esthétique transcendantale.* — La sensibilité est l'aptitude à recevoir les impressions que produisent en nous les divers objets.

Ces impressions prennent le nom d'*intuitions,* elles sont la matière de la connaissance sensible. Les éléments *à priori* ou les *formes* de la sensibilité, à l'aide desquelles nous attribuons aux phénomènes une réalité objective, se réduisent à deux : *l'espace* et le *temps.*

Kant cherche à déterminer la valeur de ces deux concepts,

et déclare que pour lui ce ne sont que des formes purement subjectives de l'esprit[1], que rien ne nous autorise à transporter dans les choses.

2° *Théorie de l'entendement* ou *analytique transcendantale.* — L'entendement a pour but de transformer les intuitions de la sensibilité en *notions* proprement dites ou en *concepts,* d'où se forment les jugements.

Les intuitions sensibles sont l'élément *à posteriori* ou la matière de nos jugements; les éléments *à priori*, désignés ici sous le nom de *catégories*, sont les lois primitives d'après lesquelles l'entendement pense ou juge. Elles sont au nombre de douze :

	unité.		réalité.		inhérence.		possibilité.
Quantité.	pluralité.	Qualité.	négation.	Relation.	dépendance.	Modalité.	existence.
	totalité.		limitation.		réciprocité.		nécessité.

La *quantité* dans le jugement détermine le plus ou moins d'extension du sujet. La *qualité* marque l'extension de l'attribut par rapport au sujet. La *relation* exprime la nature même du rapport qui unit le sujet et l'attribut; et la *modalité*, la forme sous laquelle ce rapport est affirmé par l'esprit.

Quelle est la valeur des jugements produits par l'application de ces catégories[2] aux intuitions sensibles? Il est évident que ces jugements, considérés comme lois de notre esprit, donnent la certitude ; mais pouvons-nous connaître autre chose que ces lois, et les jugements que nous prononçons ont-ils en dehors de nous une valeur véritable? Non, puisque les intuitions, matière de nos jugements, n'ont qu'une valeur subjective. Quand ces intuitions auraient une valeur objective, les jugements de l'entendement n'en seraient pas moins de purs phénomènes subjectifs, puisque les catégories au moyen desquelles nous les formons ne doivent être considérées que comme des lois constitutives de notre intelligence, n'ayant aucun rapport avec les objets réels.

3° *Théorie de la raison* ou *dialectique trancendantale.* —

---

[1] Ces deux conditions de notre sensibilité impriment aux intuitions une forme qui n'est peut-être pas la leur, « comme le vase aux liqueurs. » D'où il suit que nous ne pouvons nous flatter de connaître les choses en soi (noumènes), mais seulement leurs apparences (phénomènes).

[2] L'application de ces catégories aux intuitions sensibles se fait à l'aide d'un moyen terme, le *temps* « homogène d'un côté à la catégorie, de l'autre au phénomène ». C'est ce que Kant appelle le *schème transcendantal.*

La raison est la faculté de déduire un jugement d'un autre jugement; elle ramène à la généralité la plus haute tous les concepts de l'entendement.

Les jugements sont la matière de ces nouvelles connaissances; les éléments *à priori* qui dirigent la raison dans cette opération supérieure sont les trois *idées* fondamentales du *moi*, du *monde* et de *Dieu*, auxquelles viennent aboutir toutes les connaissances de l'esprit humain. Quelle est leur valeur? En d'autres termes, la psychologie rationnelle, la cosmologie rationnelle, la théologie rationnelle, sont-elles possibles? Non, répond Kant.

La psychologie rationnelle aboutit à des *paralogismes* dès qu'elle cherche à conclure « de l'unité et de l'identité de la pensée, unité et identité purement formelles, l'existence d'une âme simple et identique ».

La cosmologie rationnelle n'arrive qu'à des contradictions nécessaires, à des *antinomies* insolubles sur toutes ces questions : Le monde a-t-il eu un commencement ou est-il éternel? Est-il infini en étendue ou limité dans l'espace? Est-il formé d'éléments simples ou indéfiniment divisibles? Renferme-t-il des causes libres, ou tout y est-il déterminé?

La théologie rationnelle enfin, par la preuve ontologique qui résume toutes les autres, ne peut légitimement conclure qu'à l'*idéal* de Dieu, non à sa réalité objective.

Quand nous ajoutons foi à l'existence de l'âme, du monde ou de Dieu, nous attribuons donc aux objets ce qui n'appartient qu'à notre esprit; nous passons illégitimement de la pensée à la réalité. L'existence des *noumènes* ne peut être affirmée; le *scepticisme transcendantal,* tel est le résultat de la critique de la raison pure.

II. **Critique de la raison pratique.** — Kant y recherche quelle est la loi légitime de nos actions.

Dans chaque action Kant distingue, comme dans chaque connaissance, la *matière* et la *forme.* La matière est l'ensemble des circonstances qui spécifient l'acte; la forme est le principe général qui nous détermine à l'accomplir. Le but de Kant est de rechercher, entre les divers principes qui nous font agir, entre les différentes formes de nos déterminations, celles qui sont légitimes et peuvent être regardées comme la loi propre de notre nature.

La critique de la raison pratique renferme deux parties : la première, *analytique ;* la seconde, *dialectique.*

1° *Partie analytique.* — *Le devoir.* — Ignorant s'il existe réellement quelque chose, Kant, pour résoudre la question qu'il s'est posée, en demeurant fidèle à sa méthode, ne peut s'appuyer que sur les purs concepts de sa raison.

Il analyse donc le concept de *cause,* et remarque d'abord que ce concept implique les idées de force, de liberté et d'intelligence ; puis, se demandant quel est le principe légitime de la détermination d'une telle cause, il trouve que cette détermination ne peut dériver d'un objet extérieur, et qu'elle doit partir d'un motif *obligatoire* et *universel.* C'est le *devoir,* ou ce que Kant appelle l'*impératif catégorique,* règle suprême des mœurs et principe du bien.

Pour savoir si la détermination que je suis sur le point de prendre est légitime, je n'ai qu'à appliquer le double criterium de l'*obligation* et de l'*universalité,* ou suivre ces deux règles pratiques : « 1° Fais ce que ta raison te déclare obligatoire ; 2° Fais ce qui peut être regardé comme une loi universelle de l'être raisonnable et libre. »

Si nous demandons à Kant quel est le principe du *devoir,* de l'*impératif catégorique,* tantôt il nous répond qu'il n'en sait rien, « que c'est un fait premier de la raison pratique ; » tantôt il essaye de compléter sa théorie et propose comme raison fondamentale de la loi du devoir l'*autonomie de la volonté,* qui consiste en ce que chaque homme doit se regarder comme une *fin en soi,* et par suite prendre la volonté absolue comme règle et principe de toute moralité.

2° *Partie dialectique.* — *Postulats.* — Toute cette critique de la raison pratique n'a qu'une valeur subjective, puisque l'on n'a fait qu'analyser des concepts qui ne peuvent rien nous apprendre sur les objets réels. Kant prétend cependant y trouver le point d'appui qui lui permet de passer et d'arriver à l'objectif.

Il n'en est pas, dit Kant, des concepts moraux comme des autres concepts de la raison pure ; les possibilités qu'ils expriment se trouvent *réalisées* dans des cas particuliers. Je n'ai pas besoin de sortir de la sphère de la raison pour trouver une obligation réelle conçue, car ma raison, qui me donne le concept d'obligation, me dicte aussi ce précepte pratique : Tu

dois faire ceci ou cela; mais dès lors je puis en conclure logiquement que *j'existe*, car l'obligation réelle implique la réalité
de la cause obligée. Voilà la morale soustraite au scepticisme
universel de la *critique de la raison pure*.

L'existence du moi établie, Kant en fait sortir d'autres
vérités :

Le devoir est ma loi ; mais, à moins d'être un non-sens, ce
devoir suppose que j'ai le pouvoir de l'accomplir ; il serait
absurde d'obliger un être à ce qui ne dépendrait pas de lui ;
la *liberté* est donc une condition, un *postulat* de la morale.

Ce serait rabaisser la moralité que de la réduire à la vertu
telle qu'elle peut exister sur la terre; cette vertu, nécessairement imparfaite, est trop éloignée de la perfection morale, de
la sainteté à laquelle aspire la volonté droite. Il faut en conclure l'*immortalité, second postulat* de la morale.

Ce que l'homme ne peut harmoniser pleinement ici-bas, le
bonheur et la vertu, le pourra-t-il mieux par lui-même dans
une autre vie? Cela ne paraît pas; il y faudra le concours de
la cause première; *Dieu* est donc le *troisième postulat de la
morale.*

« J'ai dû abolir la science pour édifier la foi, » écrit Kant
quelque part; cette parole explique les contradictions de son
système; le devoir demeure la seule base inébranlable de toutes
les croyances qui dépassent l'expérience.

3° *Les devoirs.* — Dans les *éléments métaphysiques de la
doctrine des mœurs* et *du droit*, Kant parle des devoirs et les
divise en deux classes : devoirs de droit et devoirs de vertu.
Les premiers peuvent nous être imposés par une contrainte
extérieure ; les seconds ne nous obligent qu'au for intérieur.

Le *droit*, fondement des *devoirs stricts*, comprend le droit
naturel et le droit positif. Le droit *naturel* est inné (*v. g.* liberté
individuelle), ou acquis (*v. g.* contrats), privé ou public, et ce
dernier politique ou cosmopolitique. Le droit *positif* comprend
les lois.

Les *devoirs de vertu* se rapportent à nous-mêmes ou à autrui.
Les devoirs religieux n'occupent qu'une place très secondaire
dans la philosophie de Kant.

III. Critique du jugement. — Le jugement s'entend ici
d'une faculté spéciale dont la fonction propre semble être, dans
la pensée de Kant, d'établir un rapport entre les concepts de

la raison pure et ceux de la raison pratique, de ménager une transition entre le monde de la nature et celui de la liberté.

Ce jugement a deux modes : le jugement *esthétique*, dont l'objet est le beau et le sublime ; et le jugement *téléologique*, qui étudie la fin des êtres.

1º *Jugement esthétique*. — Kant propose plusieurs définitions du beau ; retenons celle-ci : le *beau*, c'est ce qui satisfait le libre jeu de l'imagination sans être en désaccord avec les lois de l'entendement.

Le *sublime* résulte du désaccord de l'imagination et de l'entendement en présence d'un objet sans forme limitée. S'il y a grandeur dans le spectacle, c'est le *sublime mathématique* (*v. g.* le ciel étoilé) ; s'il y a puissance, c'est le *sublime dynamique* (*v. g.* tempête sur l'océan). En dehors de ces genres de sublime purement esthétiques, Kant reconnait le *sublime intellectuel* (*Fiat lux*) et le *sublime moral* (Qu'il mourût !)

2º *Jugement téléologique*. — Nous portons sur la nature des jugements logiques en vertu desquels nous attribuons aux êtres une double fin : l'une *propre* ou *intérieure*, l'autre *relative* ou *extérieure*. Nous affirmons universellement et nécessairement que dans un être organisé tout organe a sa fin, et que dans le monde rien ne se fait au hasard. La nature nous apparaît ainsi comme un vaste système de *fins* qui semble supposer une *fin dernière*. Mais ces concepts sont tous subjectifs ; seule la raison pratique, en nous révélant le souverain bien, nous assure que Dieu est *réellement* la fin dernière de tout être.

Appréciation. — Kant a montré dans ses ouvrages une grande puissance d'analyse ; mais ses conceptions sont plus ingénieuses que solides, et sa langue conviendrait mieux à un traité d'algèbre qu'à une philosophie.

Il affirme gratuitement ce qu'il appelle l'*état constitutionnel* de notre esprit. Il affirme faussement que le moi nous est révélé par la raison ; il nous est connu par la conscience.

Quelque effort qu'il fasse dans la critique de la raison pratique pour échapper au scepticisme, il n'y peut évidemment pas réussir ; car, si la raison pure est impuissante à nous donner la certitude, les raisonnements qu'il déduit du concept de cause libre sont nécessairement sans valeur.

Deux mots résument les résultats de la philosophie kantienne : scepticisme objectif en logique, dogmatisme absolu en morale.

II. — Successeurs de Kant.

Le kantisme, du vivant même de son auteur, trouva plusieurs contradicteurs célèbres : Éberhard (1739-1809), Platner (1744-1818), qui défendaient les principes de Leibniz; Herder, qui soutenait ceux de Bacon. Toutefois il ne laissa pas de se répandre assez rapidement dans les universités d'Allemagne, et d'y régner sans conteste pendant le premier tiers du XIXᵉ siècle. Mais il dégénéra en panthéisme avec Fichte, Schelling et Hégel.

FICHTE (1762-1814). Kant avait ouvert un abîme infranchissable entre le subjectif et l'objectif; Fichte crut le combler en identifiant l'un avec l'autre, et nia toute réalité objective. Pour lui, le seul être réel est le *moi;* ce moi se pose d'abord lui-même d'une manière absolue et illimitée, puis s'oppose à lui-même et se détermine ainsi en *moi* sujet et en *moi* objet ou *non-moi.* De là dérivent toutes les notions de l'esprit et du monde; c'est l'idéalisme subjectif.

SCHELLING (1775-1854) cherche, comme Kant, à expliquer le passage du subjectif à l'objectif, et s'arrête, lui aussi, à l'identification de ces deux termes. Mais, au lieu de se renfermer, comme Fichte, dans les étroites limites du moi pour en faire sortir l'universalité des êtres, il se place tout d'abord au sein de la réalité objective dans l'*absolu,* qui se développe par deux voies opposées et parallèles dans le subjectif ou l'idéal et dans l'objectif ou le réel. C'est le panthéisme idéaliste.

HÉGEL (1770-1831). Comme les deux précédents, il tend à identifier le subjectif et l'objectif; mais pour lui le principe de cette identification n'est ni le *moi* du premier ni l'*absolu* du second; réunissant en quelque sorte ces deux systèmes, il le place dans l'*être-néant,* qu'il appelle l'*idée.* Cette idée *devient* successivement la science, la nature, puis l'esprit; Dieu est un *perpétuel devenir;* c'est l'idée considérée dans son développement total et progressif. Cette philosophie de l'idée est la négation même des lois de la logique et du principe de contradiction.

Ces trois systèmes ne sont au fond que des formes différentes d'une même erreur, le panthéisme.

TROISIÈME ÉPOQUE

XIXᵉ SIÈCLE

Nous ferons successivement connaître l'état de la philosophie en France, en Angleterre et en Allemagne.

I. — PHILOSOPHIE EN FRANCE

Nous rangerons toutes les écoles françaises sous ces quatre titres : naturalisme, spiritualisme, sociologisme, positivisme.

I. — Naturalisme.

LAMARCK (1744-1829) prétend que les habitudes engendrées par les besoins qui naissent des circonstances extérieures produisent des organes nouveaux, et que les espèces vivantes peuvent se transformer les unes dans les autres.

GALL (1758-1828), originaire du grand duché de Bade, a exposé ses principes et ses observations phrénologiques en deux ouvrages : *Anatomie et physiologie du système nerveux*, et *Fonctions du cerveau*. Il a la double prétention de découvrir sur la surface de l'encéphale les organes de nos diverses facultés et qualités, ce qui est proprement l'*organologie*, et de trouver sur la boîte du crâne les protubérances qui répondent aux divers organes de la masse encéphalique, ce qui constitue la *cranioscopie*. M. Flourens a soulevé contre les deux parties du système des difficultés qui n'ont point été résolues.

SPURZHEIM (1776-1832) est un élève de Gall, et s'efforça de propager le système de son maître dans les diverses contrées de l'Europe, surtout en Angleterre.

BROUSSAIS (1772-1840) professe le matérialisme dans son *Traité de l'irritation et de la folie;* il attribue au cerveau les phénomènes sensibles, intellectuels et moraux qui s'accomplissent en nous.

II. — Spiritualisme.

Au commencement du siècle, une puissante réaction s'est produite en France, sous des influences diverses, contre les doctrines matérialistes.

(a) Éclectisme.

Laromiguière (1756-1837) n'appartient pas proprement à l'école éclectique; il s'y rattache cependant par son esprit. Son principal ouvrage a pour titre : *Leçons de philosophie.* Nous avons fait connaître, dans le *Cours de philosophie,* sa théorie de l'origine des idées; donnons ici celle des *facultés de l'âme.*

Théorie des facultés de l'âme. — D'après lui, toutes nos facultés dérivent de l'attention. « L'entendement humain, dit-il, comprend trois facultés : l'*attention*, qui nous donne les idées; la *comparaison*, qui fait connaître leur liaison; le *raisonnement*, qui saisit les rapports plus complexes. Voilà les trois facultés de l'entendement, et il n'y en a pas d'autres; car la sensibilité n'est qu'une simple capacité, non pas une faculté; la mémoire n'est qu'un produit de l'attention ou ce qui reste d'une sensation vive; le jugement, pris comme perception de rapport, est quelque chose de passif qui suit nécessairement la comparaison; la réflexion et l'imagination sont des facultés sans doute, mais l'imagination n'est que la réflexion combinant des images, et la réflexion elle-même, se composant de raisonnements, de comparaisons et d'actes d'attention, n'est pas distincte de ces facultés. Ainsi donc, trois facultés intellectuelles, et trois seulement.

Ce n'est pas tout : l'homme veut être heureux; quand un besoin le tourmente, toutes ses facultés entrent ensemble en action; cette direction des facultés de l'entendement vers l'objet dont nous sentons le besoin, c'est le *désir.* Le désir venant à se fixer sur un objet choisi entre plusieurs s'appelle *préférence;* la préférence après délibération, c'est la *liberté.* Ces trois facultés sont réunies sous le nom commun de volonté. Enfin l'entendement et la volonté sont désignés par le nom commun de pensée.

La liberté naît de la préférence, la préférence du désir; le désir est la direction des facultés de l'entendement qui naissent les unes des autres : le raisonnement de la comparaison, la comparaison de l'attention. Il est donc prouvé que la pensée ou la faculté de penser, qui embrasse toutes les facultés de l'âme, dérive de l'attention. »

Appréciation. — Il y aurait plusieurs remarques à faire sur ce système. Observons seulement, avec Cousin, qu'il est impos-

sible que l'intelligence humaine se trouve renfermée tout
entière dans ces trois facultés : attention, comparaison et
raisonnement. Être attentif est sans doute une condition pour
comprendre, mais ce n'est pas comprendre. Il faut comparer
pour pouvoir juger, mais la comparaison n'est pas la perception
de la vérité. Enfin, si c'est le raisonnement qui permet à l'esprit
d'apercevoir certaines vérités cachées, ce n'est pas lui qui les
aperçoit. Laromiguière oublie donc la faculté principale, celle
qui saisit la vérité, quelque nom qu'on lui donne d'ailleurs,
qu'on l'appelle intelligence, raison ou entendement.

Dans la seconde partie de son système, il est faux que le désir
naisse des facultés intellectuelles, car alors il rentrerait dans
l'entendement, n'étant que la direction même de cet entendement vers un objet. Il est également faux que le désir qui est
purement fatal soit, comme il le prétend, le principe de la préférence et de la liberté ; enfin la notion de la liberté est imparfaite, et tout acte de ce qu'il appelle préférence est un acte
libre; autrement il suffirait de faire le mal de gaieté de cœur,
sans délibération, pour être dégagé de toute responsabilité
morale.

Cousin (1791-1867) est le fondateur et le chef avoué de
l'école éclectique. Il suivit d'abord les leçons de Royer-Collard,
remplaça bientôt son maître dans la chaire d'histoire de la philosophie, et professa avec un succès extraordinaire.

Enlevé à sa chaire en 1820, il y remonta en 1828, à l'avène-
ment du ministre Martignac, et fut nommé successivement
conseiller d'État, membre du conseil royal de l'instruction
publique, membre de l'Académie française et de l'Académie
des sciences morales et politiques, directeur de l'École normale, pair de France, grand maître de l'Université.

Ses principaux ouvrages philosophiques sont : divers *Cours
d'histoire de la philosophie*, le *Traité du vrai, du beau et du
bien*, des *fragments philosophiques*.

L'éclectisme consiste à extraire des divers systèmes philosophiques la part de vérité qu'ils contiennent pour en former
un ensemble qui soit l'expression complète de la vérité. C'est
moins une philosophie proprement dite qu'une méthode dont
les deux éléments essentiels sont l'histoire et la critique des
systèmes philosophiques.

L'éclectisme sagement pratiqué, à la lumière de principes

certains qui permettent de discerner nettement la vérité de l'erreur, n'a rien de contraire à la saine logique; mais en fait cette méthode a été la source de bien des erreurs : les uns, sous prétexte de conciliation, n'ont vu que des nuances dans des opinions contradictoires et sont tombés dans un véritable scepticisme; d'autres, n'appuyant leur critique que sur la base mobile de leur raison individuelle, ont varié sans fin dans leurs conclusions; d'autres enfin, proclamant l'indépendance absolue de la raison humaine, ont fait la critique du christianisme comme d'un système humain, et se sont arrogé le droit de le perfectionner.

Cousin n'a point évité tous ces écueils, et malgré les corrections nombreuses apportées aux dernières éditions de ses ouvrages, on y rencontre des propositions qui rappellent trop le panthéisme allemand. La partie remarquable de ses études nous paraît être l'histoire de la philosophie; mais on doit se tenir souvent en garde contre ses appréciations, et réduire à une juste mesure l'esprit de système qui y préside.

MAINE DE BIRAN (1766-1824), dont Royer-Collard disait : « Il est notre maître à tous, » s'est attaché principalement à l'étude de l'âme au moyen de la *réflexion ;* et des diverses facultés de l'âme, c'est la volonté qui l'attire davantage. L'*effort* est pour lui l'acte essentiel de la vie intellectuelle et humaine; c'est dans l'effort que se résument les idées de cause et de personnalité; c'est l'effort qui nous révèle « dans une connexion immédiate le moi qui se pose et le non-moi qui s'oppose à lui ».

JOUFFROY (1796-1842) n'est pas moins remarquable comme écrivain et comme orateur que comme philosophe. Élevé chrétiennement, il eut le malheur, à l'école normale, de tomber dans le scepticisme, d'où l'orgueil l'empêcha de sortir. Trop souvent, à l'imitation de son maître Cousin, il combattit et altéra les dogmes catholiques sous prétexte de les expliquer. Ses principaux ouvrages sont : les *Mélanges* et *Nouveaux Mélanges,* et son *Cours de droit naturel.*

GARNIER (1801-1864), qu'on peut rattacher à l'éclectisme, est l'auteur d'un *Traité des facultés de l'âme* très remarquable, que M. Janet appelle « le seul monument de la science psychologique de notre temps ».

C'est à l'éclectisme qu'il faut rattacher les philosophes spiritualistes de l'Université qui se font un nom de nos jours.

(b) Traditionalisme.

Le traditionalisme est de deux sortes.

1° Le *traditionalisme modéré* tend à restreindre les forces naturelles de la raison, sans pourtant ériger en principe son impuissance absolue. Plusieurs écrivains catholiques de ce siècle ont eu cette tendance, qu'expliquent trop les aberrations de la raison humaine : — *Joseph de Maistre* (1754-1821), l'un des plus profonds penseurs de ce siècle, qui a écrit entre autres ouvrages : les *Soirées de Saint-Pétersbourg* sur la Providence, les *Considérations sur la France*, le *Pape;* — *Louis de Bonald* (1753-1840), l'un des plus ardents défenseurs des doctrines monarchiques et religieuses sous la restauration, auteur des *Recherches philosophiques sur les premiers objets des connaissances humaines*, de la *Législation primitive.*

2° Le *traditionalisme absolu* proclame l'impuissance de la raison individuelle à produire la certitude, il a été condamné par le saint-siège ; ses principaux représentants sont : — *Félicité de Lamennais* (1782-1854), qui enseigne dans le second volume de l'*Essai sur l'indifférence* que la vérité ne se trouve que dans le témoignage du genre humain ou la *raison générale*, qu'il appelle le *sens commun;* — *Louis Bautain* (1796-1867), qui place exclusivement la certitude dans l'*autorité de la parole de Dieu révélée :* c'est le *fidéisme.*

(c) Ontologisme.

L'*ontologisme* descend de Malebranche ; d'après ce système, nous ne pouvons rien connaître sans l'idée de l'être, être infini qui est Dieu même, en qui seul nous percevons et entendons tout ce qu'il nous est donné de percevoir et d'entendre.

Le P. Gratry et plusieurs autres philosophes catholiques ont défendu ce système, que Rome a désapprouvé en *censurant,* le 18 septembre 1861, les propositions qui le résument.

III. — Sociologisme.

Nous empruntons ce terme à Auguste Comte, pour désigner les systèmes philosophiques qui ont pour but principal la réforme sociale.

Les *économistes* (J.-B. Say, disciple d'Adam Smith, Bastiat, Blanqui, etc.) placent leur espérance de progrès social dans le libre développement des intérêts matériels. On peut leur reprocher de ne pas assez tenir compte des faits, et de se confiner dans le domaine de l'abstraction et de la spéculation.

Les *saint-simoniens* (Saint-Simon, Bazard, Enfantin) rêvent la fraternité universelle, et, pour y arriver par la destruction de la famille, ils prêchent la *réhabilitation de la chair* et *l'émancipation de la femme*. La répartition des fruits du travail est faite à chacun selon sa capacité, et à chaque capacité selon ses œuvres, par l'autorité du Père suprême.

Les *fouriéristes* (Fourier, Considérant, Cantagrel) prétendent fonder l'association universelle des hommes sur *l'attraction passionnelle*, qui doit régir le monde moral comme l'attraction physique régit le monde matériel. Les phalanstères sont destinés au logement des êtres que des passions harmoniques rapprochent. La phalange est formée de séries; la série, de groupes qui représentent chacun une gamme passionnelle. La répartition des fruits du travail aura lieu « en raison composée du capital, du travail et du talent ».

Les *humanitaires* (P. Leroux, Jean Reynaud) veulent, comme les saint-simoniens, auxquels ils se rattachent, la fraternité universelle. Pour eux, le moyen d'y arriver est la *solidarité*, qui fond l'égoïsme et la charité dans un principe supérieur. Le grand obstacle qu'il faut renverser c'est le despotisme, qui a étendu ses ravages, dans la famille, en produisant l'asservissement de la femme; dans l'État, en donnant naissance aux privilèges et aux castes; dans la propriété, en la concentrant dans un petit nombre de mains.

Proudhon occupe un rang à part parmi les socialistes; il semble se plaire dans les paradoxes les plus sophistiques, et transporte dans l'étude des questions économiques et sociales la méthode de Hégel. A côté de propositions révolutionnaires et impies, comme celles-ci : « La propriété, c'est le vol; » — « Dieu, c'est le mal, » on trouve dans ses écrits de belles pensées sur la dignité humaine, la beauté de la justice ; mais l'idée de Dieu, Proudhon ne se lasse pas de le répéter, n'a rien à faire en tout cela.

Louis Blanc et *Étienne Cabet* ont dépassé tous les socialistes; leur rêve est d'établir l'égalité absolue entre tous les

hommes, et de partager les richesses entre tous. Pour tendre
à ce but, ils réclament immédiatement la suppression de
l'armée, l'organisation du travail et l'impôt progressif. C'est
le *communisme*.

IV. — Positivisme.

« Les doctrines sociales de Saint-Simon, jointes au naturalisme de Cabanis et de Broussais, ont donné naissance au positivisme d'Auguste Comte. » (Fouillée.)

Auguste Comte (1798-1857) naquit à Montpellier, et entra
en 1814 à l'École polytechnique, d'où il fut obligé de sortir à
la suite d'un acte d'indiscipline. Ce fut à cette époque qu'il se
lia avec Saint-Simon, et qu'il conçut le projet de travailler à la
réforme sociale par la *réorganisation des sciences*. Cette liaison
dura peu. En 1824, Comte se posa en chef d'école et professa
le positivisme. Ses deux principaux ouvrages sont : la *Philosophie positive* et le *Système de politique positive*.

LITTRÉ (1801-1882) a été, en France, le disciple le plus
célèbre de Comte. Son admiration pour le maître, « illuminé
des rayons du génie, » ne l'a pas empêché de signaler plusieurs
lacunes dans sa philosophie, de rejeter même la plupart de ses
conceptions sur la société.

TAINE (1828-...) est actuellement le principal représentant
du positivisme en France. Bornons-nous à citer parmi ses
ouvrages : les *Philosophes français du* XIXe *siècle, De l'Intelligence*.

Exposé du positivisme. — Nous ferons d'abord connaître
les *principes généraux* du positivisme; nous dirons ensuite
quelques mots de la *sociologie* de Comte.

I. Les principes généraux du positivisme se rapportent à
trois points : la *loi des trois époques de l'évolution de la pensée*,
l'*idée de la science*, la *classification des sciences*.

1° La loi des *trois époques* est fondamentale dans le positivisme; c'est, dit Stuart Mill, « l'épine dorsale » de cette philosophie. — Tout d'abord, les hommes attribuèrent les phénomènes dont ils furent les témoins à des êtres invisibles, doués
de volonté comme eux, et qu'ils regardèrent comme des dieux;
c'est l'époque *théologique*, avec ses différentes phases : féti-
chisme, polythéisme et monothéisme. — Quand ils remar-

quèrent dans l'univers une uniformité inconciliable avec les caprices d'une volonté libre, ils crurent à des qualités occultes, à des fluides, à des propriétés; c'est l'époque *métaphysique*. — Enfin, la réflexion chasse facilement ces ombres sans consistance, et cherche la vraie raison des phénomènes dans les circonstances qui les ont précédés ou qui les accompagnent; c'est l'époque *positive* ou scientifique, à laquelle nous appartenons.

2º L'idée qu'Auguste Comte donne de la *science* n'est pas nouvelle, c'est la vieille théorie empirique, tant de fois proposée et tant de fois réfutée : le réel est le seul objet de la science, parce que seul il est *positif;* or il n'y a de réel que les faits actuels et leurs relations. — Les *faits* observables sont exclusivement les faits extérieurs, les faits qu'on appelle internes ne nous sont pas connus; la science de l'homme est donc la science du monde; la méthode subjective est stérile, il faut suivre la méthode objective, c'est-à-dire aller de l'univers à l'homme qui le réfléchit, et n'existe, comme sujet d'étude, qu'autant qu'il le réfléchit. — Les *relations* que nous pouvons connaître sont exclusivement celles que nos sens perçoivent, c'est-à-dire des relations de ressemblance et de succession. La recherche des causes efficientes ou des causes finales est antiscientifique. Tout est relatif dans nos connaissances; « il n'y a qu'une seule maxime absolue, c'est qu'il n'y a rien d'absolu. » La science est-elle donc matérialiste et athée? Non, dit Comte, car elle ne rejette ni l'âme ni Dieu; elle les ignore.

3º Nous avons donné au commencement du cours la *classification* positive des sciences : les mathématiques, l'astronomie, la physique, la chimie, la physiologie ou biologie, et la sociologie ou physique sociale. Cette conception des six sciences fondamentales n'est pas une simple nomenclature; c'est une conception du monde : la vie morale s'explique par la vie physiologique, celle-ci par la chimie, la chimie par la physique, la physique par l'astronomie, et toutes à la fois par les mathématiques.

II. Nous ne suivrons pas Auguste Comte dans l'étude de toutes ces sciences; bornons-nous à signaler quelques-unes de ses vues sur la *biologie* et la *sociologie*.

1º Comte rattache la *psychologie* à la physiologie; pour lui,

7*

point d'observation interne au moyen de la conscience : nous
ne pouvons connaître que les conditions physiologiques des
phénomènes, il accepte donc tout naturellement la phréno-
logie et divise le cerveau en trois régions : la région occipitale,
siège des penchants animaux; la région moyenne, siège des
sentiments humains, et la région frontale, siège des facultés
intellectuelles.

2° La *sociologie* est la partie vraiment neuve des travaux
d'Auguste Comte. Il a la prétention de l'élever au même degré
de *positivité* ou de rigueur que les sciences mathématiques ou
physiques, et de la faire accepter par tous. Pour développer sa
doctrine, il distingue dans la société deux états : l'état *statique,*
auquel correspond la notion d'ordre, et l'état *dynamique,*
auquel correspond l'idée du progrès. — La statistique a pour
objet les conditions d'existence des phénomènes sociaux; il
expose ces conditions, qui se rapportent soit à l'individu, soit
à la famille, soit à la société proprement dite.— La dynamique
étudie la direction du progrès social, sa vitesse, et la hiérarchie
des éléments qui entrent dans sa notion. Cette dernière question le ramène naturellement à sa grande loi des trois époques
que nous avons signalée.

Telle est la doctrine de la *philosophie positive.* Mais ce n'est
là qu'une face d'Auguste Comte. Dans sa *Politique positive,* il
s'efforce de fonder une morale sur le penchant qui nous porte
vers nos semblables, et qu'il appelle « altruisme », tombe dans
un mysticisme extravagant, et s'érige en grand prêtre du culte
de l'humanité. La plupart de ses disciples refusent de le suivre
jusque-là et déplorent, comme le dit Stuart Mill, « cette triste
décadence d'un grand esprit, ses pensées extravagantes et sa
colossale confiance en lui-même. »

Appréciation. — La grande loi des trois époques, que proclame Comte, ne s'éloigne pas beaucoup de celle que formule
Vico, sous la désignation des âges divin, héroïque et humain;
elle se trouve aussi chez Saint-Simon, chez Turgot; on peut
donc lui contester la gloire de la découverte. Nous ne le ferons
pas, mais nous avouerons que cette loi nous paraît arbitraire,
et que, fût-elle bien établie, nous nous refuserions encore à en
admettre l'importance.

Quoi qu'en dise Comte, la science positive est une science
matérialiste et athée. Son indifférence aux questions métaphy-

siques, qui serait déjà coupable, n'est pas réelle et n'est pas possible.

MM. Renouvier en France, Spencer en Angleterre, ont sévèrement critiqué la classification positive des sciences ; nous n'entrerons pas dans le détail de ces critiques, nous reprocherons seulement à A. Comte d'exclure à peu près absolument les sciences morales. S'il accepte l'une d'elles, sous la dénomination de sociologie, c'est à la condition de la dépouiller de son caractère supérieur, et d'en faire une *physique* sociale.

II. — PHILOSOPHIE EN ANGLETERRE

La philosophie anglaise de ce siècle est sensualiste. Ses principaux représentants sont : *Stuart Mill, Darwin, Herbert Spencer, Alexandre Bain.*

I. — Stuart Mill. — Théorie de l'associationisme.

Stuart Mill (1801-1873) est un disciple de Comte, bien qu'il n'en ait jamais accepté toutes les doctrines. Ses principaux ouvrages sont : l'*Examen de la philosophie d'Hamilton*, les *Principes d'économie politique*, le *Système de logique*, une *Autobiographie*.

La psychologie de Stuart Mill est tout expérimentale. Le fait primitif de notre âme est la sensation ; l'idée n'est qu'une sensation affaiblie.

Toutes nos idées et toutes nos sensations sont susceptibles de s'*associer* par suite de leurs ressemblances ; cette loi d'association est la loi fondamentale des phénomènes internes. On reconnaît là les théories de Hume. Quand nous avons contracté l'habitude d'associer deux idées, si l'une se produit, nous attendons l'autre ; cette *attente* est le fondement de l'induction.

Cette théorie de l'habitude n'explique ni l'idée du moi ni l'idée de l'absolu ; Stuart Mill s'efforce d'expliquer la première au moyen de « possibilités permanentes » très peu intelligibles ; il accepte la seconde sans l'expliquer, comme un élément essentiel de la conscience et de la pensée [1].

---

[1] L'absolu, pour Stuart Mill, est *inconnaissable*, mais *non pas inconcevable;* Spencer, à son tour, acceptera cette notion comme un élément positif de toute pensée, comme l'objet des croyances métaphysiques et religieuses.

En *morale*, Stuart Mill ajoute aux éléments de calcul moral de Bentham un élément, la *qualité*. « Il vaut mieux, dit-il, être un Socrate mécontent qu'un pourceau satisfait. » Mais il rejette l'obligation morale, et s'efforce de la remplacer par l'*irrésistibilité* de l'habitude contractée dès l'enfance d'associer l'utilité générale à l'utilité particulière.

Pour Stuart Mill, la science morale et la science sociale sont inséparables; il insiste beaucoup sur cette dernière : il fonde le droit de propriété sur le travail, prône beaucoup la liberté, et veut en politique une démocratie fondée sur le « suffrage universel et proportionnel », dans lequel les minorités seraient représentées.

II. — Darwin. — Théorie du transformisme.

Cette théorie, exposée par **Charles Darwin** (1809-1883) dans son livre de l'*Origine des espèces*, est empruntée en partie à un naturaliste du commencement de ce siècle, Lamarck.

Elle se résume, au fond, dans cette assertion que « toutes les espèces animales et végétales passées ou actuelles descendent, par voie de *transformations successives*, de trois ou quatre types originels », et même probablement d'un archétype commun.

Darwin ajoute, en effet, ces paroles : « L'analogie me conduirait même plus loin, c'est-à-dire à la croyance que tous les animaux et toutes les plantes descendent d'un seul prototype.»

Pour expliquer cette transformation, Darwin a recours à plusieurs lois : — « Sous l'impulsion des lois du développement, les êtres vivants tendent à se multiplier dans une proportion excessive, qui amène la concurrence vitale, ou *lutte pour la vie*. — Cette lutte pour la vie a pour résultat de tuer tous les individus inférieurs à n'importe quel titre, de conserver ceux qui doivent à une particularité quelconque une supériorité relative; c'est la *sélection naturelle*. — A chaque exercice de la sélection naturelle, l'organisme fait un pas de plus dans une voie qui lui est tracée d'avance, et dont il ne peut s'écarter, obéissant à la *loi de divergence des caractères*. — Peu à peu, dès que l'opportunité s'en présente, les organes de chaque être *s'adaptent aux conditions* d'existence dans lesquelles il est placé; de là des variétés nouvelles. — Toute variété bien tranchée doit être considérée comme une espèce naissante qui se perfectionne insensiblement.

L'espèce humaine, dans ce système, n'échappe point à la loi de transformation ; elle est un perfectionnement du singe. Mais Darwin déclare « qu'il ne prétend pas rechercher les origines des facultés mentales », et qu'il rejette les générations spontanées.

Ce système est contredit par tous les faits, et les prétendues lois sur lesquelles il repose ne sont que des hypothèses gratuites. Il ne se soutient « qu'en dehors des temps et des lieux accessibles à l'observation ; il s'efface quand on rentre dans la réalité ». (Abbé Moigno.)

III. — Herbert Spencer. — Théorie de l'évolutionisme.

Pour expliquer les lois de l'esprit humain, **Herbert Spencer** (1820) ajoute aux *associations habituelles* de Mill, la théorie de l'*hérédité :* toute habitude, en se fortifiant, devient « organique », c'est-à-dire qu'elle se fixe dans les organes et y produit un mécanisme approprié, qui fonctionne automatiquement.

Ces dispositions organiques sont transmises par hérédité, de telle sorte que nous apportons en naissant les traces de l'expérience des générations qui nous ont précédés. L'hérédité, voilà pour Spencer le principe des connaissances universelles et nécessaires : elle explique leur universalité, puisque aucun individu ne peut échapper à l'héritage de son espèce; elle explique leur nécessité, puisque cet héritage s'impose à l'individu comme une constitution toute faite.

Cette théorie est appréciée dans le *Cours de philosophie;* mais il faut remarquer ici qu'elle n'est qu'une application particulière de la *théorie de l'évolution,* qui n'est pas sans analogie avec les spéculations des philosophes allemands.

Cette théorie repose sur le principe de l'éternité et de l'indestructibilité de la matière, auquel s'ajoutent deux lois, celle de la permanence des forces et celle du rythme des mouvements provoqué par les obstacles. Il existe un rythme fondamental auquel tous les autres viennent se réduire, c'est celui de l'évolution et de la dissolution. « Toutes les choses grandissent ou dépérissent, accumulent de la matière ou l'usent. » C'est l'histoire de tout organisme; c'est aussi l'histoire de tout progrès.

La formation de la terre, le développement de la vie à la surface, puis de la société humaine, du gouvernement, de l'industrie, du commerce, du langage, de la littérature, de la science et de l'art, supposent cette loi d'évolution et de dissolution. (Fouillée.)

Pour Spencer, le monde n'est plus, comme pour Stuart Mill, « une possibilité permanente; » il accepte « un réalisme transfiguré ». Pour lui, les faits physiques et psychiques sont en parallélisme constant et les symboles d'un double aspect de la réalité, qui en elle-même demeure inconnaissable.

ALEXANDRE BAIN, né en 1818, se rattache à l'école des associationistes, et en est l'un des principaux représentants. Il a composé plusieurs ouvrages assez remarqués, entre autres : *les Sens et l'Entendement, les Sentiments et la Volonté.*

III. — PHILOSOPHIE EN ALLEMAGNE

Les premiers successeurs de Kant, Fichte, Hégel et Schelling ont régné sans conteste en Allemagne au commencement du siècle. Mais depuis 1830 ils sont oubliés, et de nombreuses écoles se combattent les unes les autres.

I. — École hégélienne.

L'école hégélienne, à la mort de son chef, se divisa en trois partis, appelés de noms empruntés à la langue politique : la *droite*, le *centre*, la *gauche*.

La *droite* interprétait la doctrine du maître dans un sens spiritualiste et religieux; elle ne tarda pas à disparaître.

Le *centre* essaya de rester fidèle à la pensée du maître, de concilier des choses inconciliables, de tenir la balance égale entre l'esprit et la nature; le panthéisme, qui fait le fond de sa philosophie, a toujours compté des défenseurs dans les universités.

La *gauche*, la plus puissante des trois fractions de l'école hégélienne, est tombée dans l'athéisme et le matérialisme. Elle était représentée à l'origine par Michelet de Berlin et le docteur Strauss, qui osa bien soutenir que Notre-Seigneur Jésus-Christ n'est « qu'un mythe ». « Mais ces philosophes ont eux-mêmes été dépassés par MM. Feuerbach, Bruno Bauer et Max Stirner. Ce dernier, rejetant comme une dernière superstition le culte de l'humanité, ou l'*anthropolâtrie*, professée par Bauer, prêche l'*autolâtrie*, ou le culte de soi-même : « Chacun est à soi-même son Dieu ; chacun a droit à tout. » (Janet.)

II. — École pessimiste.

SCHOPENHAUER (1788-1860) professe un profond mépris pour Fichte, Hégel, Schelling et leurs disciples : « Délayez un *minimum* de pensée dans cinq cents pages de phraséologie nauséabonde, et fiez-vous pour le reste à la patience vraiment allemande du lecteur. » Ces paroles résument son appréciation de leurs ouvrages, et volontiers nous souscrivons à ce jugement, à la condition de l'appliquer à Schopenhauer lui-même.

Schopenhauer se proclame disciple de Kant, et accepte les thèses fondamentales de son maître, mais il se sépare de lui par la prétention avouée de fonder une métaphysique en systématisant l'expérience. Il a exposé son système dans *le Monde considéré comme volonté et représentation*.

En tant que phénomène, « le monde est ma représentation, » un produit de mon intelligence. Qu'est-il en réalité? Je ne puis le savoir qu'en m'étudiant moi-même. Mon essence est dans ma volonté; le fond de toute chose est donc aussi la volonté, la volonté universelle, indestructible, absolue.

« Mais, dit Schopenhauer, vouloir c'est faire effort; et comme tout effort naît d'un besoin qui, satisfait, tend à renaître, tout effort est douloureux. Vouloir, c'est donc essentiellement souffrir; et comme vivre c'est vouloir, toute vie est par essence douleur. Plus l'être est élevé, plus il souffre. »

De là le pessimisme absolu de Schopenhauer. Le monde est mauvais parce qu'il est l'affirmation du « vouloir-vivre »; le remède est dans l'anéantissement de ce « vouloir-vivre », non par le suicide, qui n'empêche pas la vie de renaître sous une nouvelle forme, mais par la perte de soi-même dans la contemplation du grand tout, selon la doctrine du boudhisme.

Le succès de cette philosophie ne paraît, dit M. Janet, avoir été en Allemagne qu'une crise passagère; et la *volonté absolue* qui, pour Schopenhauer, constitue le monde, est au fond peu différente de l'*idée absolue* de l'école hégélienne.

HARTMANN, dans sa *Philosophie de l'inconscient*, développe
des idées dont il semble avoir puisé l'inspiration dans les écrits
de Schopenhauer.

III. — École matérialiste.

Cette école continue à certains égards l'école de Feuerbach;
mais toutefois elles sont distinctes.

L'école de Feuerbach est née de la dialectique hégélienne.
La nouvelle école matérialiste est physiologique, positiviste;
son fondement est l'expérience.

Le chef de cette école est un Hollandais, M. *Moleschott*, né
en 1822, qui a exposé ses doctrines dans la *Circulation de la
vie* et la *Physiologie des aliments*, etc.

A côté de lui il faut placer: M. Carl *Vogt*, qui a bien osé dire
« que le cerveau sécrète la pensée, comme le foie sécrète la bile
et les reins sécrètent l'urine »; M. *Büchner*, dont le livre *Force
et matière* a eu un grand retentissement.

IV. — École spiritualiste.

« Si le matérialisme est ouvertement professé en Allemagne
comme en France, il faut reconnaître que le spiritualisme a
aussi de nobles représentants : M. *Fichte*, fils du célèbre disciple de Kant; M. *Drobisch*, M. *Lotze*, qui semble revenir au
dualisme cartésien. » (M. Janet.)

CONCLUSION

Nous venons d'achever l'*Histoire de la philosophie,* et nous n'avons rien dit de la philosophie chrétienne; nous n'avons pas même cité les philosophes fidèles aux traditions de la scolastique, et spécialement de saint Thomas, l'Ange de l'école, qui, s'appuyant sur la raison perfectionnée par la foi, ont éclairé d'une si vive lumière toutes les questions de la métaphysique : Liberatore, Zigliara, Bensa, de Giorgio, San Severino surtout, dont les *Éléments de philosophie chrétienne comparée à l'ancienne et à la nouvelle,* ont été honorés d'un bref laudatif de Pie IX.

Est-ce oubli? est-ce dédain? Non; mais c'est que, n'ayant composé cette histoire qu'en vue des examens du baccalauréat, nous avons cru devoir nous en tenir au programme, et nous condamner à écrire l'histoire de la *Philosophie laïque* de ces derniers siècles.

L'alliance de la raison et de la foi, telle est, en effet, la condition première de toute vraie philosophie. Mais, depuis la renaissance, la séparation de ces deux principes est complète. Là est le vice radical de la philosophie moderne, le principe des erreurs sans nombre que nous avons vu se succéder dans l'histoire des trois derniers siècles, des systèmes opposés qui se détruisent sans peine les uns les autres, mais qui sont impuissants à rien édifier.

FIN

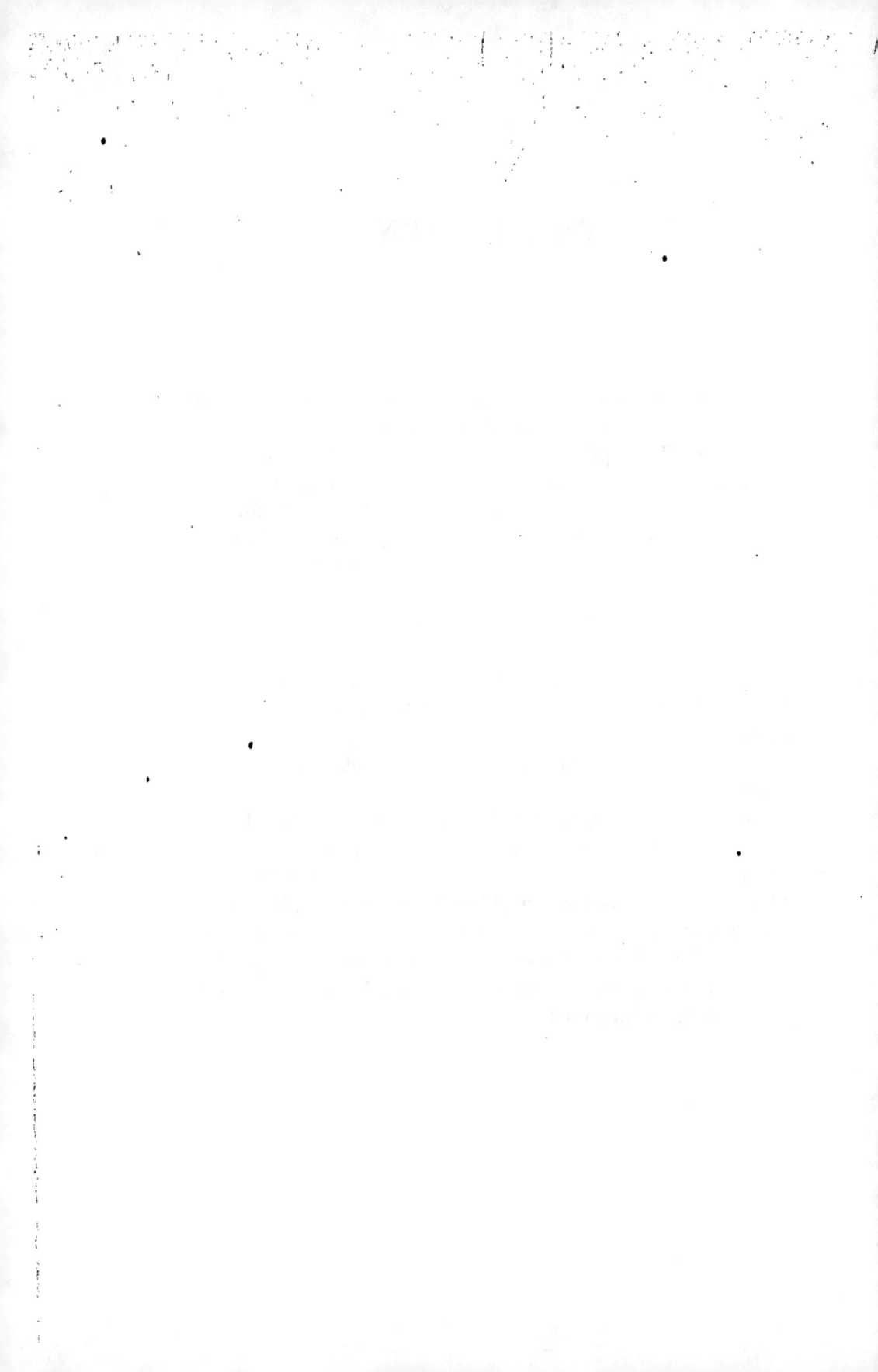

TABLE DES MATIÈRES

TROISIÈME ÉPOQUE

DE L'ÈRE CHRÉTIENNE A LA CHUTE DE L'EMPIRE D'OCCIDENT (476)

TROISIÈME PÉRIODE

PHILOSOPHIE DES TEMPS MODERNES

PREMIÈRE ÉPOQUE

XVIIᵉ SIÈCLE

CONCLUSION

23050. — Tours, impr. Mame.

PHILOSOPHIE

Ouvrages de Philosophie du R. P. Regnault. (*Voir au faux titre.*)
Éléments de Philosophie, par Mgr DE PERETTI. In-12 broché. . . . . 2 »
Philosophie (*Logique*), à l'usage des écoles primaires supérieures, par M. l'abbé
BOUTTIER. In-12 broché.
Précis de l'histoire de la Philosophie, rédigé d'après le nouveau programme
du baccalauréat ès lettres, par M. l'abbé P. JANNUS, ancien professeur de philo-
sophie au collège Saint-André-de-Cubzac. Grand in-18 broché. . . . . 2 »

Bossuet. — De la Connaissance de Dieu et de soi-même. Métaphysique ou Traité des Causes. Nouvelle édition avec une introduction et des notes, par M. l'abbé J. MARTIN. Gr. in-18 cartonné. . . . 1 50

Condillac. — Traité des sensations. Première partie. Edition avec notes historiques et philosophiques, précédée d'une étude préliminaire, par M. l'abbé DILOUX. Grand in-18 broché . 1 40

Descartes. — Discours de la Méthode, pour bien conduire sa raison et chercher la vérité dans les sciences, avec une étude sur la philosophie de Descartes et des notes, par M. l'abbé J. MARTIN. in-18 cartonné. 1 »

Descartes. — Première Méditation, avec une notice biographique, une étude sur la philosophie de Descartes et sur les six Méditations. Texte revu et annoté par LE MÊME. Grand in-18. . » 60

Descartes. — Les Principes de la philosophie. Liv. I. Edition avec notes historiques et philosophiques, analyse du livre premier et introduction renfermant un exposé critique de la doctrine de Descartes. par M. l'abbé DILOUX. Grand in-18 broché . 1 50

Fénelon. — Traité de l'existence de Dieu et de ses attributs, avec notice, étude sur la philosophie de Fénelon et notes, par M. l'abbé J. MARTIN. Grand in-18. . . . . . 1 50

Leibniz. — La Monadologie, précédée d'une notice biographique sur Leibniz, sur ses travaux, ses ouvrages et d'une importante étude sur sa doctrine. Texte revu et annoté par M. l'abbé J. MARTIN. Gr. in-18 broché. . 1 25

Leibniz. — Nouveaux Essais sur l'entendement humain. Avant-propos et livre I. Nouvelle édition revue et annotée par M. J.-H. VÉRIN, docteur ès lettres. Gr. in-18 broché. . 1 »

Malebranche. — De la Recherche de la vérité. Livre II. (De l'Imagination) : 1re partie, ch. I et V; 2e et 3e parties en entier. Edition avec notes historiques, philosophiques et philologiques, et étude préliminaire par le R. P. LARGENT, de l'Oratoire. Grand in-18 broché. 1 50

Pascal. — Opuscules philosophiques. De l'esprit géométrique. — De l'art de persuader. — De l'autorité en matière de philosophie. — Entretien avec M. de Sacy, sur Epictète et Montaigne, par M. l'abbé VIALARD, licencié ès lettres. Gr. in-18 broché. . » 75

Cicéron. — De Natura deorum. Livre II. Texte revu et annoté par M. l'abbé RODILLON, licencié ès lettres. Grand in-18 cartonné. . . . 1 25

Cicéron. — De la Nature des dieux. Livre II. Traduction française correcte, par LE MÊME. Grand in-18. . 1 »

Cicéron. — De Legibus. Liv. I. Texte revu et annoté. Gr. in-18 br. » 75

Cicéron. — Des Lois. Livre I. Traduction française. Gr. in-18 br. » 75

Sénèque. — Ad Lucilium epistolæ morales. I-XVI. Edition avec une introduction, des arguments analytiques et des notes grammaticales, historiques et philosophiques, par M. l'abbé BERNIER, licencié ès lettres. Grand in-18 broché. . . . . 1 »

Sénèque. — Lettres à Lucilius. Les seize premières. Traduction française, par LE MÊME. Gr. in-18 br. . 1 »

Sénèque. — De Vita beata. Texte revu et annoté. Gr. in-18 br. . » 75

Sénèque. — De la Vie heureuse. Traduction française. Gr. in-18. » 75

Aristote. — Ethique à Nicomaque. Liv. X. Texte revu et annoté pour la classe de philosophie par M. J.-H. VÉRIN. Gr. in-18 broché. . » 60

Aristote. — Ethique à Nicomaque. Liv. X, expliqué littéralement et traduit en français, avec introduction, sommaire analytique et notes par M. J.-H. VÉRIN. Grand in-18 broché. . 1 25

Aristote. — La Morale à Nicomaque. Liv. VIII. Revu et annoté par M. l'abbé J. MARTIN. Gr. in-18 broché. . 1 »

Epictète. — Manuel. Nouvelle traduction avec une étude sur le stoïcisme et des notes, par M. l'abbé JULIEN. Grand in-18 cartonné. . . 1 »

Platon. — Apologie de Socrate. Texte revu et annoté par M. l'abbé MAUNOURY. Grand in-18 cart. » 60

Platon. — La République. Livre VI. Texte revu et annoté par M. C. ARNAUD, licencié ès lettres. Grand in-18 broché. 1 25

Platon. — La République. Livre VI. Expliqué littéralement et traduit en français avec introduction, sommaire analytique et notes par M. C. CELLES, licencié ès lettres. Grand in-18 broché. 1 50

Platon. La République. Livre VIII. Texte revu et annoté par M. l'abbé J. MARTIN. Grand in-18 broché . 1 50

Xénophon. — Entretiens mémorables de Socrate. Livre Ier, par M. l'abbé QUENTIER. Gr. in-18. » 70

www.ingramcontent.com/pod-product-compliance
Lightning Source LLC
Chambersburg PA
CBHW072034080426
42733CB00010B/1883